Tanja Braune

Die besten traditionellen Rezepte aus dem Dampfgarer

Tanja Braune

Die besten traditionellen Rezepte aus dem Dampfgarer

100 Klassiker, die uns schmecken

KNEIPP
VERLAG WIEN

Inhalt

Mach Dampf
mit Dampf

Zugegeben: Ich koche zwar gern, in meiner Alltagsküche muss es aber vor allem schnell gehen (und dennoch möglichst gesund sein). Und da ist mein Dampfgarer natürlich einer der Hauptdarsteller. Die Handhabung dieses Allrounders ist kinderleicht, die meisten Speisen werden fast von allein fertig, oftmals lassen sich sogar ganze Menüs in einem einzigen Durchgang zubereiten. Auch zum einfachen Aufwärmen gibt es nichts Besseres: Im Dampfgarer kann nämlich nichts anbrennen! Versprochen!

6 Der Klassiker aus dem Dampf ist Gemüse, doch auch Reis, Kartoffeln und Getreide sind damit flugs und fein auf den Tisch gezaubert. Eigentlich lassen sich fast alle Speisen mit Dampf sehr gut zubereiten, selbst die Küchenklassiker gelingen ganz hervorragend – vielleicht nicht ganz so deftig wie die Originale, dafür aber gesünder und nährstoffreicher.

Mein Dampfgarer ist aber nicht nur zum Kochen da, sondern auch zum Sterilisieren. Ich verwende ihn, um die Gläser für meine selbst gemachte Marmelade keimfrei zu machen. Ich sterilisiere meine Sportflaschen damit „porentief" sauber und während der Pandemie habe ich meinen Mund-Nasen-Schutz bei 100 °C materialschonend virenfrei gedampft.

Jetzt aber wünsche ich Ihnen viel Genuss mit den traditionellen Gerichten – und viel Freude beim Dampfgaren,

Ihre dampfgarverliebte Tanja

PS: An dieser Stelle muss ich aber noch mein super-schnelles 5-Minuten-Gemüse-Rezept verraten: Klein geschnittenes Gemüse nach Wahl mit einer Handvoll frisch gehackter Kräuter, Ingwer, etwas Salz und Frischkäse in einen ungelochten Behälter geben. 5 Minuten bei 100 °C dämpfen, umrühren – fertig!

Mit Volldampf zum gesunden Genuss

Die Methode ist uralt: In chinesischen Küchen wird seit Jahrhunderten unter Dampf gegart. Auch unsere Großmütter hierzulande haben bereits den Dampf in der Küche genutzt – allerdings mit großem Zeitaufwand, nämlich beim Kochen im sogenannten Wasserbad. Die Grazer Kochbuchautorin Katharina Prato schrieb in ihrem 1858 im Pichler Verlag erschienenen Grundlagen-Kochbuch „Süddeutsche Küche": „Dämpfen besteht darin, dass etwas in einem verdeckten Geschirr mit ein wenig Flüssigkeit, von welcher sich Dunst entwickelt, gekocht wird. (…) Selbst zäheres Fleisch und älteres Geflügel wird durch diese Bereitungsart am mürbsten und der Geschmack von jedem besonders gut."

Am Prinzip des Dampfens hat sich bis heute – selbst in den modernen Hightech-Dampfgargeräten – nichts geändert: Dampf steigt hoch und gart die Lebensmittel. Das klingt einfach – und ist einfach. Und so können selbst Kinder schon sehr bald gefahrlos mit dem Dampfgarer kochen oder vorbereitete Speisen aufwärmen. Die meisten Geräte haben nur eine Taste und einen Temperaturknopf. Wenn's piepst, ist das Essen fertig. Lediglich beim Öffnen des Gerätes kann es durch die Dampf-Temperatur von 100 °C etwas heiß werden … also aufpassen und beim Öffnen etwas zur Seite rücken.

Dampfgaren geht nicht nur schnell und kinderleicht, es ist vor allem gesund. Sehr gesund. Die Speisen liegen auf gelochten oder ungelochten Einsätzen, und der heiße Dampf umschließt sie von allen Seiten. Zellwände und harte Fasern werden aufgeweicht, die Stärke quillt auf, und Proteine gerinnen – aber weil die Speisen eben nicht im heißen Wasser liegen, laugen sie nicht aus. Alle wichtigen Nährstoffe wie Mineralstoffe, Spurenelemente oder wasserlösliche Vitamine bleiben nahezu vollständig erhalten. Wer schon einmal im Topf Gemüse blanchiert oder Spargel gekocht hat, weiß, dass die verbleibende Flüssigkeit kein Wasser, sondern eigentlich ein ziemlich schmackhafter Fond ist. Bei Reis ist das besonders eindrucksvoll zu sehen: Ausgeschwemmte Mineralstoffe & Co färben das Kochwasser milchig-grau – viele der enthaltenen Vitalstoffe landen direttissimo im Ausguss.

Während beim „gewöhnlichen" Kochen bis zu 50 Prozent der Nähr- und Vitalstoffe ins Kochwasser ausgeschwemmt werden, bleiben sie beim Dampfgaren dort, wo sie hingehören: in den Lebensmitteln.

Aber nicht nur die Vital-, sondern auch alle Aromastoffe bleiben beim Dampfgaren im Gargut erhalten. Daher schmecken gedämpfte Speisen aromatischer und kommen meist auch mit weniger Salz und geschmacksverstärkendem Fett aus. Weil im Dampfgarer immer frischer Dampf produziert wird, behalten die Zutaten ihren Eigengeschmack, das heißt, die einzelnen Aromen vermischen sich nicht. Selbst wenn beispielsweise Karotten und Sellerie gemeinsam gegart werden, schmecken die Karotten nicht nach Sellerie. Beim Dampfgaren sind zudem geringere Temperaturen notwendig. Dampf überträgt Hitze besser als trockene Luft (eine Tatsache, die wohl jeder Saunabesucher kennt!). Das heißt, es gibt quasi „mehr Hitze bei gleicher Temperatur", und so bleibt das Innenleben des Garguts zart und weich. Und weil das Auge bekanntlich ebenfalls mitisst, muss auch dieser Vorteil des Dampfgarens erwähnt werden: Da die Speisen nicht in kochendem Wasser schwimmen, bleiben Farbe, Form und Struktur erhalten.

So gesund und gut die Dampfgar-Küche ist, so einfach ist sie auch: In einem Dampfgarer kann nichts anbrennen, zerkochen oder überlaufen. Sie können Ihren „Dämpfer" also ruhigen Gewissens alleine lassen und brauchen ihn nicht zu „beaufsichtigen", denn auch langes Umrühren ist nicht notwendig. Wer klug plant, kann in einem Dampfgarer mehrere Gerichte gleichzeitig garen. Man beginnt einfach mit dem Gericht, das die längste Garzeit hat, und gibt nach und nach die weiteren Gerichte dazu. So spart man nicht nur ordentlich Energie, sondern schont auch seinen Geschirrspüler. Überhaupt ist das Reinigen in der Dampfgarer-Küche denkbar einfach, da ja – fast – keine Öle oder Fette verwendet werden und auch nichts anbrennen kann. Einfach mit dem Geschirrtuch abwischen. Fertig.

Es kann losgehen!

In den 1970er-Jahren wurden professionelle Dampfgarer für Gastronomie und Catering entwickelt. Anfang der 80er-Jahre gelang es dann, diese Technologie in Geräte für den Privathaushalt einzubauen – der Siegeszug der Dampfgarer kam langsam, aber stetig ins Rollen. Heute arbeitet nicht nur beinahe jeder Profikoch mit einem Dampfgarer, auch in vielen Privatküchen haben diese Geräte bereits die Mikrowelle ersetzt. Sie befinden sich also in guter Gesellschaft!

Für alle Gerichte, die ganz ohne Flüssigkeit gegart werden, zum Beispiel Gemüse, Knödel und Kartoffeln, werden gelochte Garbehälter verwendet. Damit nichts anklebt, können diese Behälter mit Backpapier bzw. für ein zusätzliches Aroma mit Gemüse oder Früchten ausgelegt werden – zum Beispiel mit Zitronenscheiben. Wenn Flüssigkeit benötigt wird (also bei Reis, Nudeln etc.) oder Saft entstehen soll (wie etwa bei Tafelspitz oder Gulasch), braucht es natürlich ungelochte Garbehälter.

Grundsätzlich sollten die Speisen nicht abgedeckt werden, weil der Dampf das Lebensmittel gut umhüllen muss. Abdecken ist nur notwendig, wenn verhindert werden soll, dass sich Kondenswasser auf Speisen absetzt (zum Beispiel bei Soufflés). Eigentlich können im Dampfgarer nahezu alle Gerichte zubereitet werden. Wenn Sie Röstaromen haben wollen, dünsten Sie einfach Zwiebeln, Fleisch oder Gemüse vorher in der Pfanne kurz an und dampfen Sie sie dann im Dampfgarer fertig.

Die Rezepte für dieses Buch wurden in einem Miele-Dampfgarer zubereitet, die Garzeiten sind darauf abgestimmt (es zählen nur die effektiven Kochzeiten, die Zeit des Aufheizens kann unberücksichtigt bleiben). Ich habe auch Garbehälter aus dem Miele-Sortiment verwendet, allerdings kann grundsätzlich jedes hitzebeständige Geschirr zum Einsatz kommen. Wobei es zu beachten gilt, dass etwa Edelstahl die Hitze besser leitet als Keramik.

Was der Dampfgarer alles kann – ein schneller Überblick

1. Dampfgaren

Der Dampfgarer bietet einen Temperaturbereich von 40–120 °C – die meisten Speisen werden jedoch mit 100 °C zubereitet. Es können auch mehrere Gerichte gleichzeitig gegart werden.

2. Auftauen

Im Dampfgarer lassen sich bei 50–60 °C alle Speisen schonend, aber dennoch rasch auftauen, angebrannte oder graue Stellen gehören der

Vergangenheit an. Darüber hinaus werden eingefrorene Milchprodukte oder Gebäck im Dampfgarer nicht nur aufgetaut, sie sind auch gleich verzehrfertig.

Wichtig: Lassen Sie aufgetaute Gerichte noch einige Minuten bei Zimmertemperatur stehen. Diese Ausgleichszeit ist notwendig, damit das Gargut bis ins Innerste auftauen kann.

3. Erhitzen

Im Dampfgarer erwärmte Speisen sehen aus und schmecken wie frisch gegart. Profis sprechen hier auch von „Regeration". Für das Aufwärmen bereits gegarter Speisen – bei Bedarf gleich mehrerer Teller gemeinsam – hat sich eine Temperatur von 90 °C als ideal erwiesen. In 5 Minuten ist ein Gericht warm und der Teller gleich mit.

4. Blanchieren

Manche Lebensmittel sollten vor der Zubereitung blanchiert werden, zum Beispiel Spinat oder Mungbohnen. Aber auch wenn man Lebensmittel einfrieren will, empfiehlt es sich manchmal, sie vorher zu blanchieren. Im Dampfgarer reichen dabei 1–2 Minuten bei 100 °C völlig aus. Durch dieses kurzzeitige Erhitzen werden die im Obst und Gemüse enthaltenen Enzyme, die während der Gefrierlagerung Aromen und Vitamine abbauen, deutlich reduziert. Achtung: Damit die Lebensmittel nicht nachgaren, sollten sie unmittelbar nach dem Blanchieren mit Eiswasser abgekühlt werden.

5. Entsaften

Unter Dampf lässt sich hervorragend Saft herstellen. Dafür legt man einfach das gesäuberte, am besten vollreife Obst (eventuell mit etwas Zucker vermischt) in einen gelochten Garbehälter und platziert darunter einen ungelochten Behälter.

Empfohlene Garzeiten (die Zeiten sind Durchschnittwerte und können je nach Reifegrad der Früchte variieren):

Mittelharte Früchte	**120 °C, 30–45 Minuten**
Harte Früchte	**120 °C, 40–50 Minuten**

6. Einkochen

Durch Einkochen lässt sich eine reiche Obst- oder Gemüseernte bestens verarbeiten, es eignet sich aber auch zum Haltbarmachen von Fleisch. Dabei ist wichtig, dass man immer nur sauber gespülte und (im Dampfgarer) sterilisierte Gläser verwendet. Außerdem sollten die Gläser bei einer Einkochprozedur etwa die gleiche Größe haben.

Füllen Sie die Lebensmittel nur locker in das Glas, bis maximal 3 cm unter den Rand. Nicht drücken, sonst werden die Zellwände zerstört – klopfen Sie lediglich mit dem Glas ein paarmal auf den Tisch, damit sich der Inhalt besser verteilt. Reinigen Sie den Glasrand nach dem Einfüllen der Lebensmittel mit einem sauberen Tuch und heißem Wasser und verschließen Sie die Gläser (Twist-off-Deckel oder Glasdeckel mit Gummidichtung). Schieben Sie den Rost in die unterste Einschubebene und stellen Sie die Gläser darauf. Diese dürfen sich nicht berühren. Nutzen Sie nach der Garzeit die Nachwärme: Lassen Sie die Gläser noch 30 Minuten im Gerät stehen und danach, eng beieinanderstehend und mit einem Tuch abgedeckt, 24 Stunden langsam abkühlen.

Einkochen
bei 1-Liter-Gläsern

Beeren	80 °C, 50–55 Minuten
Steinobst	85 °C, 55 Minuten
Kernobst	90 °C, 55–65 Minuten
Weiches Gemüse (z. B. Zucchini)	90 °C, 55 Minuten
Hartes Gemüse (z. B. Bohnen)	100 °C, 120 Minuten
Fleisch	90 °C, 90 Minuten

7. Tricks

Der Dampfgarer ist ein wirklich kluges Helferchen in der Küche: Schokolade schmelzen, Honig flüssig machen, Gelatine, Joghurt oder Frischkäse zubereiten … alles kein Problem. Doch mit dem Dampfgarer kann man nicht nur kochen, sondern sogar sterilisieren – einerseits natürlich die Gläser für die Marmeladeproduktion, andererseits aber auch Schnuller, Babyflaschen, Sportflaschen und vieles mehr. Bei 100 °C verschwinden selbst Keime und Viren im Nu und so können Stofftücher und Masken ganz einfach und materialschonend desinfiziert werden. Auch hartnäckige Klebstoffreste auf CD-Hüllen oder anderen Dingen verschwinden bei 100 °C im Dampfgarer fast von selbst.

Alles aus einer Schüssel:

Suppen, Eintöpfe & Co

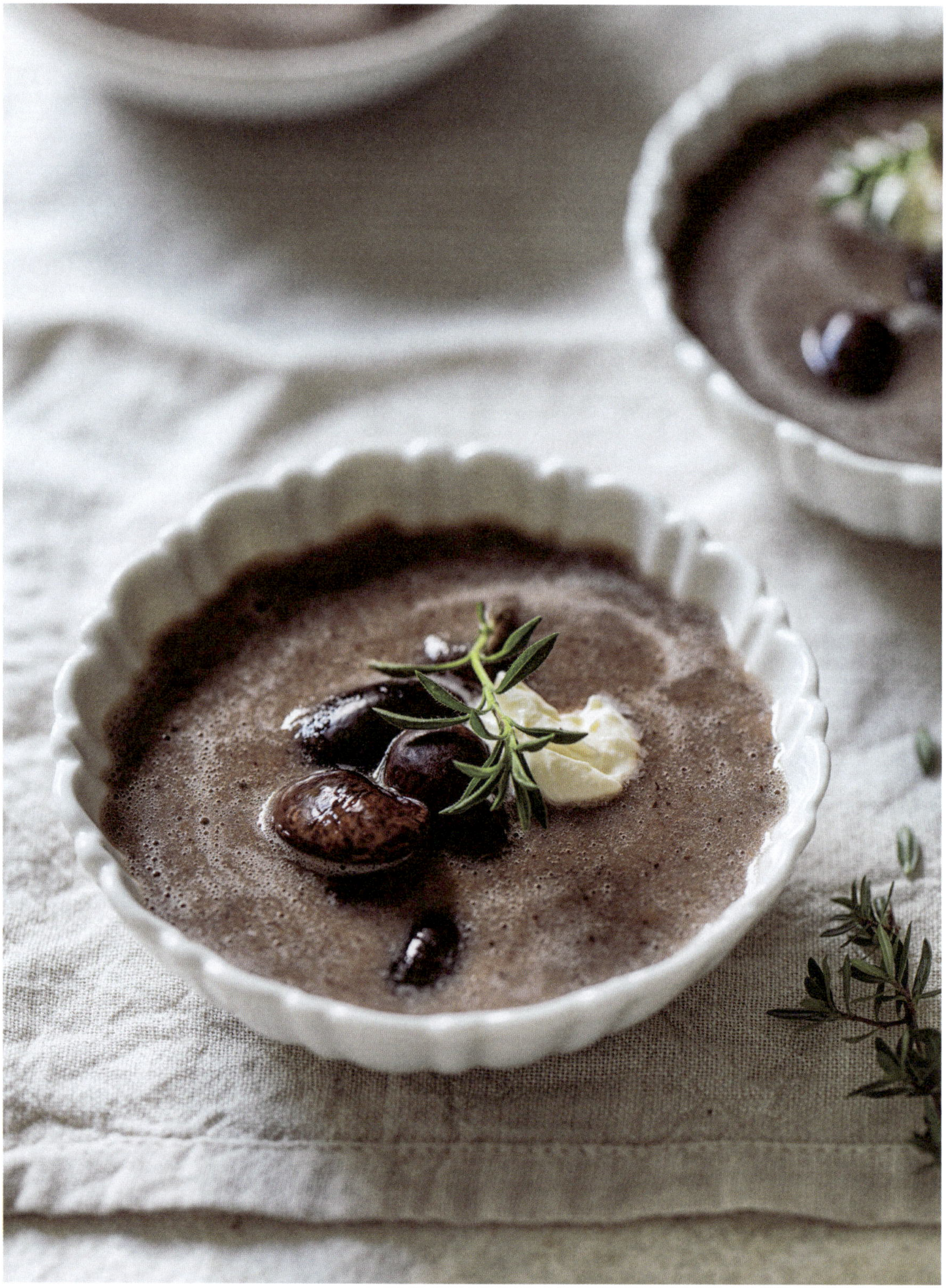

Steirische Bohnensuppe

250 g Käferbohnen

1 Lorbeerblatt

1 Zweig Thymian

1 Zwiebel, gehackt

4 Knoblauchzehen, gehackt

etwas Öl

1 EL Tomatenmark

1 l Hühnersuppe

200 ml Weißwein

2–3 Karotten, klein geschnitten

½ Knolle Sellerie, klein geschnitten

Salz, frisch gemahlener schwarzer

Pfeffer, Kümmel, Bohnenkraut,

Piment

1–2 EL Sahne

4 TL saure Sahne

Kürbiskernöl

Bohnen in eine Schüssel geben, mit Wasser bedecken und über Nacht einweichen lassen. Am nächsten Tag das Wasser abgießen, die Bohnen in einen ungelochten Garbehälter geben und mit frischem Wasser bedecken. Lorbeerblatt und Thymian zugeben.

Bohnen im Dampfgarer 60 Minuten bei 100 °C garen. Zwiebel und Knoblauch in etwas Öl glasig anschwitzen. Bohnen abgießen und mit Tomatenmark, Hühnersuppe, Weißwein, Zwiebel, Knoblauch, Karotten, Sellerie und Gewürzen in einen ungelochten Garbehälter geben. Nochmals bei 100 °C rund 15 Minuten garen.

Herausnehmen, ein paar Bohnen als spätere Einlage entnehmen, den Rest mit dem Stabmixer pürieren. Die Suppe durch ein Sieb passieren und etwas Sahne unterrühren.

Mit den ganzen Bohnen, einem Klecks saurer Sahne, einem Spritzer Kürbiskernöl anrichten und mit Thymian dekoriert servieren.

Petersilienwurzelsuppe mit Knoblauch-Croûtons

2 Schalotten, klein geschnitten

4 EL Butter

450 g Petersilienwurzel, klein geschnitten

100 g Kartoffeln, geschält, klein geschnitten

1 Stange Staudensellerie, klein geschnitten

100 ml Weißwein

800 ml Gemüsebrühe

4 Knoblauchzehen

2 dünne Baguettebrötchen, in kleinen Würfeln

100 ml saure Sahne

Salz, frisch gemahlener schwarzer Pfeffer, Muskat

etwas Petersilie für die Garnitur

Schalotten mit 2 EL Butter in einer beschichteten Pfanne anschwitzen, dann das Gemüse zugeben, ebenfalls kurz anschwitzen und mit Weißwein ablöschen. Alles in einen ungelochten Garbehälter umfüllen, Gemüsebrühe zugießen und bei 100 °C 30 Minuten dämpfen.

In der gleichen Pfanne die restliche Butter erwärmen, den Knoblauch einpressen und bei geringer Hitze und unter Rühren eine Knoblauchbutter herstellen. Brotwürfel einlegen und unter gelegentlichem Rühren goldbraun rösten.

Suppe aus dem Dampfgarer nehmen, saure Sahne zufügen und mit dem Stabmixer fein pürieren. Mit den Gewürzen abschmecken und mit den Croûtons und etwas Petersilie servieren.

➻ Die Petersilienwurzel schmeckt sehr intensiv. Wer es etwas milder mag, kann diese durch die Pastinke ersetzen. Diese ist nicht nur botanisch, sondern auch geschmacklich mit der Karotte verwandt.

Gazpacho

6 Tomaten

4 Scheiben Weißbrot, ohne Rinde

2 rote Paprika, entkernt

1 Salatgurke, geschält

2 Knoblauchzehen, fein gehackt

etwas Ingwer, fein gehackt

Saft von 1 Limette

1 EL Paprikapulver

1 TL Weißweinessig

300 ml Tomatensaft

2 EL Olivenöl

Zucker, Salz, frisch gemahlener

schwarzer Pfeffer

Basilikumblätter zum Garnieren

Tomaten kreuzförmig einritzen und im gelochten Garbehälter bei 100 °C 2 Minuten blanchieren. Dann in Eiswasser tauchen und die Haut abziehen. Brot in 4 EL lauwarmem Wasser einweichen.

Gemüse grob schneiden und mit Knoblauch, Ingwer, Limettensaft, Paprikapulver, Essig und dem ausgedrückten Brot mit dem Stabmixer fein pürieren. Tomatensaft und Öl unterrühren und mit Zucker, Salz und Pfeffer abschmecken. Mindestens 1 Stunde im Kühlschrank kalt stellen. Mit Basilikum garniert servieren.

17

Norditalienische Minestrone

1,5 l Gemüsebrühe

100 g Blumenkohl, in mundgerechten Stücken

3 Jungzwiebeln, in Ringen

1 Karotte, in mundgerechten Stücken

1 Kartoffel, geschält, in mundgerechten Stücken

2 Knoblauchzehen

100 g Staudensellerie, in mundgerechten Stücken

1 Zucchini, in mundgerechten Stücken

2 Tomaten

250 g Pancetta (geräucherter Schinkenspeck)

1 EL Olivenöl

1 Tasse Reis

½ Bund Petersilie, gehackt

6–8 Salbeiblätter, gehackt

Salz, frisch gemahlener schwarzer Pfeffer

Parmesan, frisch gerieben

Gemüsebrühe mit Blumenkohl, Jungzwiebeln, Karotte, Kartoffel, Knoblauch, Staudensellerie und Zucchini in einen ungelochten Garbehälter geben und bei 100 °C etwa 25 Minuten garen.

Tomaten kreuzweise einschneiden, in einen gelochten Garbehälter geben und 3 Minuten im Dampfgarer mitgaren lassen. Herausnehmen und sofort häuten. Speck in Würfel schneiden und in einer Pfanne mit dem Olivenöl auslassen.

Speck und Reis in die Suppe geben und gemeinsam noch 20 Minuten garen. Am Ende der Garzeit die Tomaten und Kräuter zugeben und alles im Dampfgarer noch einige Minuten ziehen lassen. Mit Salz und Pfeffer abschmecken und mit Parmesan bestreut servieren.

Alles aus einer Schüssel: **Suppen, Eintöpfe & Co**

Kohlsuppe

1 Kopf Weißkohl (Weißkraut),
gewürfelt

6 Zwiebeln, in Ringen

1 kg Karotten, gewürfelt

2 Paprika, gewürfelt

8 Tomaten, gewürfelt

1 Staudensellerie, in Ringen

2 Handvoll Kräuter nach Wahl, fein
gehackt

Alle Zutaten in einen großen ungelochten Behälter geben und mit so viel Wasser aufgießen, dass das Gemüse bedeckt ist. 10 Minuten bei 100 °C garen und dann weitere 20 Minuten bei 90 °C.

20

↪ *Die Kohlsuppe ist nicht nur ein beliebtes Diätgericht. Das Grundrezept kann beliebig abgewandelt werden (zum Beispiel mit Curry, Ingwer oder auch Roten Beten) und schmeckt immer. Soll die „geniale Kohlsuppe" allerdings beim Abnehmen unterstützen, dürfen weder Salz noch Zucker hinein.*

Zünftige Kartoffelsuppe

1 kg Kartoffeln, geschält, in Würfeln

6 Karotten, in Stücken

3 Knoblauchzehen

1 große Zwiebel, grob gehackt

1 Lauch, in Ringen

1 l Rindsuppe

100 ml Sahne

4 EL Speckwürfel

½ Bund Petersilie, gehackt

Salz, frisch gemahlener schwarzer Pfeffer

Alle Zutaten – außer der Sahne, den Speckwürfeln und der Petersilie – in einem ungelochten Behälter bei 100 °C 25 Minuten garen. Einige Kartoffelwürfel aus der Suppe nehmen. Der Suppe die Sahne zufügen und mit dem Stabmixer gut pürieren. Mit Salz und Pfeffer abschmecken.

Die Speckwürfel in einer beschichteten Pfanne kurz auslassen und mit den Kartoffelwürfeln als Einlage in die Suppe geben. Mit Petersilie garnieren.

Karottensuppe

6–8 Karotten, klein geschnitten

1 Staudensellerie, klein geschnitten

1 Zwiebel, klein geschnitten

400 ml Gemüsebrühe

4 cm Ingwer, geschält, gerieben

30 ml Weißwein

Saft von 1 Orange

1 EL Rapsöl

Salz, frisch gemahlener schwarzer Pfeffer, Muskat, Zucker

100 ml Sahne

½ Bund Petersilie, gehackt

Das geschnittene Gemüse und die Brühe in einen ungelochten Garbehälter geben und bei 100 °C rund 20 Minuten dämpfen. Aus dem Dampfgarer nehmen, Ingwer und Weißwein in die Brühe geben und alles nochmals bei 100 °C 18 Minuten dämpfen.

Dann Orangensaft und Öl zugeben und alles mit dem Stabmixer fein pürieren. Wer die Suppe besonders fein mag, kann sie durch ein engmaschiges Sieb streichen. Mit Salz, Pfeffer, Muskat und Zucker abschmecken.

Sahne mit 1 Prise Salz steif schlagen und die Suppe mit 1 Klecks pro Portion und mit Petersilie bestreut servieren.

Erbsensuppe mit Frankfurter Würstchen

500 ml Gemüsebrühe

800 g Erbsen (TK)

½ Zwiebel, klein gewürfelt

1 TL Majoran, frisch gehackt

1 Lorbeerblatt

2 Kartoffeln, geschält und in kleinen Stücken

1 Bund Suppengrün, kleine Stücke

4 Paar Frankfurter (Wiener)

100 ml Sahne

Salz, frisch gemahlener schwarzer Pfeffer

etwas Weißweinessig

Gemüsebrühe mit tiefgekühlten Erbsen, Zwiebel, Gewürzen, Kartoffeln und Suppengrün in einen ungelochten Garbehälter geben und bei 100 °C 10 Minuten garen.

Dann die Suppe aus dem Dampfgarer nehmen. Die Würstchen in einen gelochten Garbehälter geben und 5 Minuten bei 100 °C garen. Einstweilen das Lorbeerblatt aus der Suppe entfernen, die Sahne einrühren und mit dem Stabmixer pürieren. Mit Salz, Pfeffer und etwas Essig abschmecken. Die Suppe in Teller füllen und die Würstchen einlegen.

23

→ Seit ich auch Würstchen im Dampfgarer koche, ist „Aufplatzen" nur noch Küchengeschichte: Je nach Art und Dicke werden die Würstchen in einem gelochten Behälter einfach bei 90–100 °C 5–8 Minuten gegart.

Kürbissuppe

2 kleine Zwiebeln, in kleinen Stücken

600 g Kürbis, in kleinen Stücken

3 Karotten, in kleinen Stücken

1 kleine Chilischote, fein gehackt

5 cm Ingwer, frisch gerieben

700 ml Gemüsebrühe

350 ml Kokosmilch

Salz, frisch gemahlener schwarzer

Pfeffer

etwas Kürbiskernöl

1 Dose Flusskrebse

Zwiebeln, Kürbis, Karotten sowie Chili und Ingwer mit der Gemüsebrühe in einen ungelochten Behälter geben und bei 100 °C 25 Minuten garen.

Die Suppe mit dem Stabmixer fein pürieren, eventuell durch ein Sieb streichen. Die Kokosmilch unterrühren. Mit Salz, Pfeffer und Kürbiskernöl abschmecken und nochmals ein paar Minuten im Dampfgarer erwärmen. Mit Flusskrebsen als Einlage servieren.

24

Zucchinicremesuppe

3–4 Zucchini, in Stücken

1 große mehlige Kartoffel, geschält, in Stücken

500 ml Gemüsebrühe

2 Knoblauchzehen

100 ml Sahne

Salz, frisch gemahlener schwarzer

Pfeffer, Muskat

1 Bund Petersilie, gehackt

Zucchini und Kartoffel in einen gelochten Behälter geben und 15 Minuten bei 100 °C dämpfen. Dann in einen nicht gelochten Behälter umfüllen, mit Gemüsebrühe aufgießen, Knoblauchzehen einlegen und weitere 5 Minuten bei 100 °C dämpfen.

Mit dem Stabmixer pürieren und mit Sahne, Salz, Pfeffer und Muskat abschmecken. Mit Petersilie bestreut servieren.

Alles aus einer Schüssel: **Suppen, Eintöpfe & Co**

Bellas Gründonnerstags-suppe

1 kleine Zwiebel, gehackt

½ Stange Lauch, in Ringen

2 EL Olivenöl

4 große Kartoffeln, geschält, in Stücken

700 ml Gemüsebrühe

2 Knoblauchzehen

Salz, frisch gemahlener schwarzer Pfeffer, Muskat

4 große Handvoll Wildkräuter (Gundermann, Spitzwegerich, Sauerampfer, Brennnessel, Löwenzahn, junge Birkenblätter, Knoblauchsrauke, Giersch und Gänseblümchen)

2 EL Butter

150 ml Sahne

Saft von 1 Zitrone

Zwiebel und das Weiße vom Lauch mit 1 EL Olivenöl in einer Pfanne glasig dünsten. Mit Kartoffeln, Brühe, Knoblauch und Gewürzen in einem ungelochten Garbehälter bei 100 °C 30 Minuten dämpfen.

Wildkräuter nach Bedarf waschen, grob hacken (ein paar Gänseblümchen beiseitelegen) und mit etwas Olivenöl mit dem Stabmixer fein pürieren. Mit Butter, Sahne und Zitronensaft in die Suppe geben. Die Suppe nochmals gut pürieren. Abschmecken.

Vor dem Servieren noch einmal kurz aufschäumen und mit Gänseblümchen bestreuen.

27

➻ Die Gründonnerstagssuppe besteht aus 9 Wildkräutern und ist ein traditionelles Essen zu Frühlingsbeginn. Bei uns kommt diese Suppe aber öfter auf den Tisch und immer mit ganz unterschiedlichem Grün – sie schmeckt auch mit herkömmlichen Küchenkräutern sehr gut.

Salzburger Almheu-Suppe mit Eierstich

20 g frisches biologisches Bergheu

2 Lorbeerblätter

4 Gewürznelken

1 Zwiebel, gehackt

50 g Butter

50 g Mehl

80 ml Weißwein

Salz, frisch gemahlener schwarzer Pfeffer

200 ml saure Sahne

Für den Eierstich:

3 Eier

50 ml Milch

50 ml Sahne

Salz, frisch gemahlener schwarzer Pfeffer, Muskat

etwas Butter

1,5 l Wasser mit Heu, Lorbeer und Gewürznelken in einen ungelochten Garbehälter geben und bei 80 °C 20 Minuten dämpfen. Heu ausdrücken, durch ein Sieb gießen und den Fond in einem Garbehälter auffangen. Auskühlen lassen.

Während der Garzeit Eier, Milch und Sahne für den Eierstich miteinander verrühren. Mit Salz, Pfeffer und Muskat würzen. Einen kleinen ungelochten Garbehälter mit Butter ausstreichen. Die Eiermasse etwa 3 cm hoch einfüllen und bei 90 °C 6 Minuten garen. Den Dampfgarer abdrehen, nicht öffnen, und den Eierstich noch ein paar Minuten nachgaren lassen (machen Sie eine Garprobe – die Masse darf auf Fingerdruck nur ein bisschen nachgeben). Eierstich auf einen Teller stürzen, auskühlen lassen und in Würfel schneiden.

Für die Suppe Zwiebel in der Butter glasig andünsten, mit Mehl stäuben und mit Weißwein löschen. Zum Heufond in den Garbehälter geben, gut umrühren und im Dampfgarer bei 80 °C etwa 25 Minuten dämpfen. Mit Salz und Pfeffer abschmecken und mit saurer Sahne verfeinern.

➤ Heu bringt eine besonders feine Note in viele Speisen. Beim Dampfgaren kann man es praktischerweise auch statt Backpapier verwenden. Ich lege zum Beispiel gelochte Behälter damit aus – darüber kommt dann das Fleisch, das auf diese Art und Weise ein ganz besonderes Aroma erhält.

Omas Hühnerkraftsuppe

1 große Zwiebel

3 Lorbeerblätter

5 Gewürznelken

3 Zweige Thymian

5 cm Ingwer, in kleinen Stücken

5 cm Kurkuma, geschält, in kleinen Stücken

1 TL Pfefferkörner

1 Bund Liebstöckel

1 ganzes Huhn (ca. 1,5 kg), grob zerteilt

Salz

2 Karotten, in Scheiben

1 Sellerieknolle, in Scheiben

1 Stange Lauch, in Ringen

frisch gemahlener schwarzer Pfeffer

Saft von 1 Zitrone

½ Bund Petersilie, gehackt

Die ungeschälte Zwiebel halbieren und mit Lorbeer und Gewürznelken spicken. Thymian, Zwiebel, Ingwer, Kurkuma, Pfefferkörner, Liebstöckel (mit Stängel) und Huhn in einen ungelochten Behälter geben, mit Wasser aufgießen, salzen und bei 100 °C 45 Minuten garen. 15 Minuten vor Ende der Garzeit Karotten, Sellerie und Lauch zugeben.

Dann das Huhn aus der Suppe heben. Das Fleisch von den Knochen lösen, klein schneiden und zurück in die Suppe geben. Die Suppe mit Salz, Pfeffer und etwas Zitronensaft abschmecken und mit Petersilie bestreuen.

29

➡ Bei mir kommt diese Kraftsuppe regelmäßig auf den Tisch – vor allem dann, wenn gerade Infekte im Umlauf sind. Richtig eingesetzt gibt sie dem Immunsystem einen ordentlichen Kraftschub. Bei fiebrigen Infekten wird diese Suppe aus Sicht der Traditionellen Chinesischen Medizin nicht empfohlen, da sie zusätzlich erhitzt.

Schnelle Zwiebelsuppe

750 g Zwiebeln, in feinen Streifen

1,25 l Gemüsebrühe

4 Scheiben Toastbrot

4 EL Käse, gerieben

etwas Weißwein

frisch gemahlener schwarzer Pfeffer

etwas Paprikapulver

Zwiebeln in einen unbelochten Garbehälter geben und bei 100 °C 12 Minuten garen.

In der Zwischenzeit die Gemüsebrühe wärmen. Toastbrote mit Käse bestreuen und im Backofen bei 180 °C Oberhitze überbacken.

Die fertig gegarten Zwiebeln in die Suppe geben und mit Weißwein, Pfeffer und Paprikapulver abschmecken. Toastbrote auf die Teller verteilen und mit Suppe übergießen.

➤ *Sehr gerne mache ich die Einlage für diese Suppe auch aus Blätterteig: Einfach auf ein mit Backpapier ausgelegtes Blech 4 Kreise (in der Größe der Suppenschüssel) aus Blätterteig legen. Mit geriebenem Käse (Gruyère, Emmentaler, Ziegenkäse) bestreuen und bei 220 °C 20 Minuten knusprig backen.*

Alles aus einer Schüssel: **Suppen, Eintöpfe & Co**

Leipziger Allerlei

10 g getrocknete Morcheln

350 g weißer Spargel

1 TL Zucker

Salz

75 ml Weißwein

50 g Nussbutter (beurre noisette)

350 g Blumenkohl, in Röschen

250 g Teltower Rübchen (oder andere weiße Rübchen), in Stücken

250 g junge Karotten, in Stücken

100 g Zuckerschoten

2 EL Mehl

1 EL frische Butter

100 g Schmand oder saure Sahne

50–100 ml Krustentierfond

frisch gemahlener schwarzer Pfeffer, Muskat

200 g Flusskrebsschwänze, kalt abgebraust, abgetropft

etwas Kerbel, fein gehackt

Morcheln waschen und in ca. 100 ml lauwarmem Wasser einweichen, ab und zu schütteln, damit der Sand aus den Falten geschwemmt wird.

Spargel schälen und in mundgerechte Stücke schneiden. Spargelschalen nicht wegwerfen, sondern mit ca. 200 ml Wasser, Zucker und etwas Salz in einem Topf ca. 10 Minuten auskochen. Den Spargelsud durch ein Sieb gießen und wieder in den Topf füllen. Wein und Nussbutter zugeben und kurz aufkochen lassen. Blumenkohl, Rübchen und Karotten mit dem Spargelsud in einen ungelochten Garbehälter geben und 35 Minuten bei 100 °C garen. Während der letzten 10 Minuten die Spargelstücke, Zuckerschoten und ausgedrückten Morcheln zugeben. Dann Gemüse mit einem Schaumlöffel aus dem Behälter heben. Die restliche Kochbrühe in einen Topf geben.

Mehl mit der Butter verkneten, Schmand glatt rühren. Die Mehlbutter in die Kochbrühe einrühren, Krustentierfond unterrühren und aufkochen lassen, bis die Soße bindet. Schmand einrühren und mit Salz, Pfeffer und Muskat abschmecken. Gemüse vorsichtig untermischen und nochmals kurz erhitzen. Mit den Krebsschwänzen und mit Kerbel bestreut servieren.

Deftige Kartoffelpfanne

400 g Kartoffeln, geschält, in Würfeln

200 g Speck, in Würfeln

300 ml Rindsuppe

1 große Zucchini, in Würfeln

1 Stange Lauch, in Röllchen

2 Paprika, in Würfeln

3 Paar Wiener (Frankfurter), in Stücken

Salz, frisch gemahlener schwarzer Pfeffer

1 Bund Petersilie, gehackt

120 g Bergkäse, gerieben

Kartoffeln und Speck in einen ungelochten Behälter geben, mit der Rindsuppe aufgießen und 20 Minuten bei 100 °C dämpfen.

Gemüse und Würstchen in einen gelochten Behälter geben und die letzten 10 Minuten zu den Kartoffeln in den Garer stellen.

Backofen auf 180 °C Oberhitze vorheizen. Kartoffeln mit Gemüse und Würstchen vermischen, mit Salz und Pfeffer abschmecken. Petersilie untermengen. Mischung in eine feuerfeste Form geben, den geriebenen Käse darüberstreuen und alles für 8 Minuten in den Backofen stellen.

33

Schneller Rinderschmor mit Bratkartoffeln

½ kg Kartoffeln, geschält, geviertelt

½ kg Zwiebeln, gehackt

3 EL Öl

1 kg Rindfleisch

1 Spritzer Essig

1 EL Tomatenmark

40 g edelsüßes Paprikapulver

2 Knoblauchzehen

2 Lorbeerblätter

etwas Majoran

etwas Kümmel

Salz

6 Karotten, in Scheiben

4 Jungzwiebeln, in Röllchen

Kartoffeln in einen gelochten Garbehälter geben. Zwiebeln mit 2 EL Öl in einen großen, ungelochten Garbehälter geben. Beide Behälter bei 100 °C 10 Minuten garen. Kartoffeln beiseitestellen.

Fleisch in mundgerechte Stücke schneiden und mit allen anderen Zutaten außer Kartoffeln, Karotten, Jungzwiebeln und Öl zu den Zwiebeln geben. Bei 100 °C 1 Stunde und 40 Minuten garen. 20 Minuten vor Ablauf der Garzeit Karotten und Frühlingzwiebeln zugeben.

Kurz vor Ablauf der Zeit die Kartoffeln in einer beschichteten Pfanne mit dem restlichen Öl anbraten. Gemeinsam mit dem Rinderschmor servieren.

➼ Verwenden Sie für dieses Rezept Fleisch von der Wade (Wadschinken, Bugscherzel, Kalbsvögerl), Keule (Kugel, Nuss) oder Schulter – und für die „edlere Variante" Rinderlungenbraten.

35

Gulasch

3 EL Sonnenblumenöl

300 g Rindfleisch, in mundgerechten Stücken

Salz, frisch gemahlener schwarzer Pfeffer

200 ml Rindsuppe

250 g Zwiebeln, gehackt

100 ml Rotwein

1 Lorbeerblatt

3 TL rosenscharfes Paprikapulver

Öl in einer beschichteten Pfanne heiß werden lassen. Rindfleisch darin scharf anbraten. Mit Salz und Pfeffer würzen.

Fleisch mit Suppe, Zwiebeln, Rotwein und Lorbeer in einen ungelochten Garbehälter geben, mit Paprikapulver mischen. Bei 100 °C etwa 50 Minuten dämpfen.

Das Lorbeerblatt entfernen. Gulasch-Garflüssigkeit in einen kleinen Topf gießen, kurz aufkochen und leicht andicken lassen. Nochmals abschmecken und mit dem Fleisch servieren.

36

➥ Am besten eignet sich hier Fleisch von der Keule (Kugel, Nuss) oder Schulter – und für die „Kaisergulasch-Variante" Rinderlungenbraten.

Schwäbischer Eintopf

½ kg Rindfleisch zum Kochen
(am besten vom Schulterblatt), in
mundgerechten Stücken

700 ml Rindsuppe

1 Zwiebel, gehackt

½ kg Kartoffeln, geschält, in
mundgerechten Stücken

½ Sellerieknolle, in mundgerechten
Stücken

4 Karotten, in mundgerechten
Stücken

2 Lorbeerblätter

2 Nelken

Für die Spätzle:

3 Eier

2 EL Schnittlauch, in Röllchen

300 g Mehl

Salz, Muskat

Alle Zutaten für den Eintopf in einem ungelochten Garbehälter bei 100 °C 45 Minuten garen.

Für die Spätzle Eier mit Schnittlauch verquirlen, nach und nach Mehl zugeben und alles zu einem zähen Teig schlagen, bis dieser ein paar Blasen wirft. Den Teig mit Salz und Muskat würzen. Wasser in einem Topf aufkochen und die Spätzle mit dem Messerrücken von einem Brett hineinschaben oder durch eine Presse ins Wasser drücken. Wenn die Spätzle an der Oberfläche schwimmen, mit einem Schaumlöffel herausheben und warm stellen. Den Eintopf abschmecken und mit den Kräuterspätzle anrichten.

37

➼ Dieser Eintopf ist auch als Gaisburger Marsch bekannt, er wurde angeblich zu Kriegszeiten von Frauen erfunden, die ihre in der Kaserne eingesperrten Männer mit einer gehaltvollen Speise aufpäppeln wollten. Ich finde ihn wegen der Kombination aus Kartoffeln und Spätzle so hervorragend. Allerdings mache ich immer mindestens die doppelte Portion Spätzle – und am nächsten Tag dann gleich eine Spätzlepfanne (siehe Seite 52).

Westfälischer Linseneintopf

100 g geräucherter Bauchspeck, gewürfelt

1 Zwiebel, gewürfelt

1 Bund Suppengrün, gewürfelt

250 g Belugalinsen

450 ml Rindsuppe

3 Lorbeerblätter

4 Scheiben Kasseler (Selchfleisch), in Würfeln

Salz, frisch gemahlener schwarzer Pfeffer

etwas Essig

½ Bund Petersilie, gehackt

Speck in einer beschichteten Pfanne sanft auslassen. Aus der Pfanne nehmen. Zwiebel und Suppengrün im Speckfett anbraten.

Linsen mit der Rindsuppe und den Lorbeerblättern in einen ungelochten Garbehälter geben. Sollten Sie eine Speckschwarte haben, diese ebenfalls zu den Linsen geben. Zwiebel und Gemüse untermengen und bei 100 °C etwa 40 Minuten garen.

Nach etwa 20 Minuten Speck und Kasselerwürfel zum Linseneintopf geben und weitergaren. Zum Schluss Speckschwarte und Lorbeerblätter entfernen, das Gericht mit Salz und Pfeffer und eventuell etwas Essig abschmecken und mit Petersilie bestreut servieren.

➺ Es muss nicht unbedingt Kasseler sein, auch Mettwürste oder Wiener (Frankfurter) eignen sich für den Eintopf ganz wunderbar – vor allem an kalten Tagen.

Risi-Bisi mit Hühnerfleisch

200 g Reis

1 kleine Zwiebel, in kleinen Würfeln

400 ml Hühnersuppe (oder Wasser)

400 g Hühnerfleisch, in Stücken

Salz, frisch gemahlener schwarzer Pfeffer

300 g Erbsen (TK)

2 EL Parmesan, gerieben

1 Bund Petersilie, gehackt

Reis und Zwiebelwürfel mit der Suppe in einen ungelochten Garbehälter geben und für 20 Minuten bei 100 °C garen lassen.

Hühnerfleisch abspülen, mit Salz und Pfeffer würzen und in einem gelochten Behälter 15–18 Minuten zum Reis in den Dampfgarer stellen. 8 Minuten vor Ablauf der Garzeit die Erbsen unter den Reis mengen. Dann Reis und Huhn vermischen und Parmesan einrühren. Die gehackte Petersilie zugeben und mit Salz und Pfeffer abschmecken.

➥ *Für die vegetarische Alternative lässt sich das Hühnerfleisch sehr gut durch Kräuterseitlinge ersetzen. Die Pilze bei mittlerer Hitze in etwas Olivenöl andünsten, nach Geschmack noch eine klein gehackte Schalotte und frische Petersilie mitdünsten. Anschließend die Pilzmischung mit Reis und Erbsen vermischen, abschmecken und mit Parmesan bestreut servieren.*

Alles aus einer Schüssel: **Suppen, Eintöpfe & Co**

Feuerfest:

Aufläufe, Gratins, Pasta …

Ruckzuck-Schinken-Nudeln

½ kg Farfalle

400 g Schinken, in Streifen oder Würfeln

300 ml Sahne

500 ml Rindsuppe

Salz, frisch gemahlener schwarzer Pfeffer

etwas Basilikum für die Garnitur

Alle Zutaten außer dem Basilikum in einen ungelochten Garbehälter geben und bei 100 °C etwa 15 Minuten garen – nach 7 Minuten einmal umrühren. Mit Salz und Pfeffer abschmecken. Mit Basilikum garniert servieren.

Spaghetti carbonara

250 ml Sahne

1 TL Mehl

2 Eier

Salz, frisch gemahlener schwarzer Pfeffer

2 Knoblauchzehen, gepresst

50 g Parmesan, gerieben

100 g Speck- oder Schinkenwürfel

½ kg Spaghetti

Sahne in eine große ungelochte Garschüssel geben. Mehl zufügen und mit einem Schneebesen gut verrühren. Eier, Salz, Pfeffer, Knoblauch und Parmesan ebenfalls zufügen und in die Masse einrühren. Zum Schluss Speckwürfel unterheben. Bei 100 °C 30 Minuten im Dampfgarer garen.

Einen ungelochten Garbehälter mit reichlich kaltem Wasser füllen und 1 TL Salz zugeben. Die Spaghetti einlegen, sodass sie mit Wasser bedeckt sind. Etwa 12 Minuten (je nach Nudelsorte kann das variieren) vor Ablauf der Garzeit der Soße den Behälter mit den Nudeln ebenfalls in den Dampfgarer stellen. Die fertig gekochten Spaghetti mit der Soße mischen und servieren.

Pariser Gnocchi mit Waldpilz-Soße

Für die Gnocchi:

150 g Butter

Salz

250 g Mehl

6 Eier

100 g Parmesan, gerieben

frisch gemahlener schwarzer Pfeffer, Muskat

Für die Soße:

2 kleine Zwiebeln, gehackt

3 Knoblauchzehen, gehackt

etwas Butter

200 g gemischte Waldpilze

1/8 l Weißwein

250 ml Sahne

Salz, frisch gemahlener schwarzer Pfeffer

1 Bund Petersilie, gehackt

etwas Parmesan, gerieben

Für die Gnocchi 400 ml Wasser mit Butter und etwas Salz aufkochen. Dann die Hitze reduzieren und nach und nach Mehl zufügen – dabei so lange rühren, bis ein homogener Teig entsteht. Masse beiseitestellen. Sobald sie leicht ausgekühlt ist, Eier unter ständigem Rühren nach und nach untermengen – der Teig muss die Eier vollständig aufnehmen. Zum Schluss den geriebenen Parmesan unterrühren und mit Salz, Pfeffer und Muskat würzen.

Einen gelochten Garbehälter mit Backpapier auslegen. Mit zwei Kaffeelöffeln Gnocchi formen, im Garbehälter platzieren und diese bei 100 °C 7 Minuten garen.

Inzwischen für die Soße in einer beschichteten Pfanne Zwiebeln und Knoblauch in der Butter glasig andünsten, dann Pilze zugeben und kurz mitdünsten. Mit Wein ablöschen, reduzieren lassen. Dann mit Sahne aufgießen, alles eindicken lassen und mit Salz, Pfeffer und Petersilie abschmecken. Backofen auf 220 °C vorheizen.

Die Gnocchi in eine feuerfeste Form geben, die Soße darübergießen und mit etwas Parmesan bestreuen. Zugedeckt etwa 8 Minuten im Backofen backen.

➥ Im Gegensatz zu klassischen Gnocchi aus Kartoffelteig (siehe Seite 84) kommen diese Gnocchi à la Parisienne (Pariser Gnocchi) ohne Kartoffeln aus. Sie sind eigentlich aus Brandteig, der mit etwas Parmesan und Muskat verfeinert wird. Übrigens gibt es auch eine römische Gnocchi-Variante: Dabei werden die Gnocchi mit Grieß in Milch oder Wasser gekocht und mit Butter, Käse und anderen Zutaten gebacken serviert.

Rotkraut-Maroni-Gröstl mit Bratwurst

½ kg Esskastanien oder Maroni

2 EL Olivenöl

1 rote Zwiebel, in dünnen Ringen

1 TL Zucker

250 ml Rotwein

1 Rotkohl, geputzt, in Streifen

4 große Kartoffeln, geschält, in Stücken

1 EL Butter

4 Bratwürste, in mundgerechten Stücken

1 Schuss Weißweinessig

Salz, Kümmel, frisch gemahlener schwarzer Pfeffer

Esskastanien (Maroni) mit einem scharfen Messer einschneiden und 25 Minuten bei 100 °C in einem gelochten Behälter dämpfen. Beiseitestellen, auskühlen lassen, dann schälen und in mundgerechte Stücke schneiden.

1 EL Öl in einer beschichteten Pfanne langsam erhitzen, Zwiebel darin glasig dünsten. Zucker einstreuen und karamellisieren lassen. Mit Rotwein ablöschen. Rotkohl in einen ungelochten Garbehälter geben, den Pfanneninhalt darübergießen und alles leicht verrühren. Im Dampfgarer bei 100 °C rund 25 Minuten garen. Etwa 10 Minuten vor Garende die Esskastanien unter den Kohl mengen und die Kartoffeln in einem gelochten Behälter ebenfalls in den Dampfgarer geben.

Dann die Kartoffeln in einer beschichteten Pfanne in 1 EL Olivenöl und Butter knusprig anbraten. Herausnehmen. Im Bratrückstand die Wurststücke scharf anbraten und kurz dünsten lassen. Kartoffeln und Rotkohl zu den Wurststücken geben, gut umrühren und 3 Minuten unter gelegentlichem Rühren dünsten lassen. Zum Schluss mit Weißweinessig, Salz, Kümmel und Pfeffer abschmecken.

47

Bayrisches Knödelsoufflé mit Waldpilzragout

250 g Semmelwürfel

100 g Speck, gewürfelt

1 TL Butter

1 rote Zwiebel, gehackt

1 Bund Petersilie, gehackt

150 ml Milch

4 Eier, getrennt

Salz

Für das Ragout:

2 Schalotten, fein gewürfelt

60 g Butter

200 ml Weißwein

400 ml Crème double

200 ml Sahne

Salz, Cayennepfeffer

400 g Waldpilze (oder

Champignons)

Semmelwürfel in eine Schüssel geben.

Speck in einer beschichteten Pfanne kurz anrösten. Herausnehmen und beiseitestellen. Butter in der Pfanne heiß werden lassen. Zwiebel darin kurz glasig dünsten. Petersilie zufügen und alles mit Milch ablöschen. Kurz aufkochen lassen und dann über die Semmelwürfel gießen. Eigelbe unterrühren. Eiweiße mit 1 Prise Salz zu steifem Schnee schlagen und vorsichtig unter die Knödelmasse heben.

4 Souffléförmchen mit Backpapier auslegen und die Masse darauf verteilen. Mit Folie abdecken (Achtung, das Soufflé muss genug Platz zum Ausdehnen haben) und bei 90 °C 20 Minuten dämpfen. Kurz ruhen lassen und dann aus den Formen heben.

Während das Soufflé im Dampfgarer gart, das Ragout zubereiten: Schalotten in etwa 20 g Butter glasig dünsten. Mit Wein aufgießen und so lange einkochen, bis die Flüssigkeit fast verdampft ist (etwa 4 Minuten). Mit Crème double und der Hälfte der Sahne auffüllen und 3 Minuten leise kochen lassen. Mit Salz und Cayenne abschmecken. Die Soße durch ein feines Sieb gießen.

Die restliche Sahne steif schlagen. Pilze in der restlichen Butter kurz andünsten, salzen und dann in einem Sieb abtropfen lassen. In die Soße geben, die geschlagene Sahne zugeben. Das Ragout kurz aufkochen lassen und eventuell nochmals nachwürzen. Gemeinsam mit dem Soufflé servieren.

Feuerfest: **Aufläufe, Gratins,Pasta ...**

Schnelle Nudeln in Tomatensoße

½ kg Spaghetti

Salz

Für die Soße:

1 Zwiebel, grob gehackt

250 g Tomaten, gewürfelt

2 Knoblauchzehen, gehackt

2 EL Hirse, gemahlen

250 ml Tomatensaft

50 ml Sahne

optional: 3 Karotten, grob gerieben

Salz, frisch gemahlener schwarzer

Pfeffer, Koriander, Tabasco

etwas Parmesan, gerieben

Für die Soße Zwiebel, Tomaten, Knoblauch, Hirse, Tomatensaft, Sahne und geriebene Karotten in einen ungelochten Garbehälter geben. Mit Salz, Pfeffer, Koriander und Tabasco würzen.

Reichlich kaltes Wasser in einen weiteren ungelochten Behälter geben, mit 1 TL Salz mischen und die Spaghetti einlegen.

Beide Behälter zusammen bei 100 °C 8–10 Minuten garen. Die angegebene Garzeit der Nudeln beachten. Soße abschmecken und mit den Nudeln mischen. Mit Parmesan bestreut servieren.

51

Schnelle Spätzlepfanne

2 Zucchini, in mundgerechten
Stücken

2 Paprika, in mundgerechten
Stücken

2 Karotten, in Scheiben

2 Zwiebeln, klein gewürfelt

200 ml Gemüsebrühe

Salz, frisch gemahlener schwarzer
Pfeffer

1 kg fertige Spätzle (siehe Seite 37)

100 g Emmentaler, gerieben

1 Handvoll Kräuter, grob gehackt

Gemüse mit Brühe in einen ungelochten Behälter geben, leicht salzen und pfeffern. Bei 100 °C 8 Minuten garen. Die fertigen Spätzle untermengen, nochmals für etwa 4 Minuten bei 100 °C garen.

Herausnehmen, den geriebenen Käse untermengen. Mit den Kräutern garniert servieren.

➻ *Wer mag, kann dieses Gericht noch in eine feuerfeste Form füllen und bei ausreichend Oberhitze im Backofen ein paar Minuten braten, bis der Käse goldgelb geworden ist.*

Broccoli al forno

400 g Broccoli, in Röschen

3 Eier

50 ml Milch

1 EL Olivenöl

250 g Parmesan, gerieben

Salz, frisch gemahlener schwarzer
Pfeffer

Broccoli-Röschen in einen ungelochten Garbehälter geben. In einer Schüssel Eier, Milch und Olivenöl mit einer Gabel schaumig rühren. 200 g Parmesan untermengen und alles über den Broccoli geben. Bei 100° C 20 Minuten dämpfen.

Backofen auf 180 °C vorheizen. Den Garbehälter aus dem Dampfgarer nehmen, Broccoli mit Salz und Pfeffer abschmecken.

Die Masse mit dem restlichen Parmesan bestreuen und für etwa 5 Minuten im Backofen überbacken.

Feuerfest: **Aufläufe, Gratins, Pasta …**

Tiroler Schlutzkrapfen

125 g Roggenmehl

125 g Weizenmehl

Salz

120 g Butter

2 Eier

300 g Blattspinat

1 Zwiebel, fein gehackt

2 Knoblauchzehen, fein gehackt

½ Bund Petersilie, fein gehackt

150 g Quark

75 g Tiroler Bergkäse, frisch gerieben

frisch gemahlener schwarzer Pfeffer,
Muskat

80 g Bergkäse, am Stück

Die beiden Mehlsorten mit 1 TL Salz in einer Schüssel mischen. 30 g Butter zerlassen (in einer Schüssel bei 100 °C 2 Minuten im Dampfgarer) und mit Eiern und 2 EL Wasser dem Mehl zugeben. Zu einem glatten, geschmeidigen Teig verkneten. Den Teig in ein Küchentuch hüllen und bei Zimmertemperatur 1 Stunde ruhen lassen.

Spinat verlesen und waschen. In einem gelochten Garbehälter bei 100 °C 2 Minuten blanchieren. Kalt abschrecken, ausdrücken und fein hacken.

1 EL Butter in einer beschichteten Pfanne zerlassen, Zwiebel und Knoblauch darin glasig dünsten. Petersilie zugeben und zusammenfallen lassen. Etwas abkühlen lassen, dann Spinat, Quark und geriebenen Käse einrühren. Mit Salz, Pfeffer und Muskat abschmecken. Den Teig auf einer bemehlten Arbeitsfläche oder in einer Nudelmaschine dünn ausrollen. Kreise mit einem Durchmesser von ca. 8 cm ausstechen. Jeweils in die Mitte 1 TL Füllung geben, die Kreise zusammenklappen und die Ränder mit einer Gabel zusammendrücken. Einen gelochten Garbehälter mit Backpapier auslegen, die Schlutzkrapfen darauf verteilen und bei 100 °C etwa 5 Minuten bissfest garen.

Einstweilen die restliche Butter in einer Pfanne zerlassen und leicht braun werden lassen. Die Schlutzkrapfen mit der Butter beträufeln, den Käse darüberhobeln.

Ravioli-
Grundrezept

400 g Mehl

100 g Weizengrieß

4 Eier

1 TL Salz

2 EL Olivenöl

Mehl in eine große Schüssel sieben und zu einem Häufchen mit Mulde formen. Grieß und Eier in die Mulde geben. Mit 2 EL Wasser, Salz und Olivenöl zu einem glatten Teig verkneten – sollte der Teig zu fest sein, noch etwas Wasser zufügen. 30 Minuten ruhen lassen.

Teig auf einer bemehlten Arbeitsfläche möglichst dünn ausrollen, Rechtecke ausstechen oder schneiden. Auf eine Seite jedes Rechteckes 1 TL der Füllung geben, die Rechtecke in der Mitte zusammenklappen und die Ränder mit einer Gabel festdrücken.

Einen gelochten Garbehälter mit Backpapier auslegen, die Ravioli darauf verteilen und bei 100 °C etwa 3 Minuten bissfest garen.

Hummerfüllung

200 g Hummerfleisch

180 g Frischkäse

Schalenabrieb von 1 Bio-Orange

Salz, frisch gemahlener schwarzer Pfeffer

Hummerfleisch mit Frischkäse mit dem Stabmixer fein pürieren. Das Püree mit Orangenabrieb, Salz und Pfeffer abschmecken.

Kürbisfüllung

750 g Kürbis, in Stücken

3 Jungzwiebeln, fein gehackt

1 Bund Petersilie, gehackt

Salz, frisch gemahlener schwarzer Pfeffer

1 TL Curry

Saft und Schalenabrieb von ½ Bio-Zitrone

Kürbisstücke in einen gelochten Garbehälter geben und bei 100 °C 15 Minuten garen. Das Fruchtfleisch mit einem Löffel ablösen und mit einer Gabel gut zerdrücken. Jungzwiebeln und Petersilie untermengen. Mit Salz, Pfeffer, Curry und Zitronensaft und Zitronenabrieb abschmecken.

Ricottafüllung

300 g Ricotta

100 g Parmesan, frisch gerieben

1 Bund Basilikum, frisch gehackt

1 EL Walnusskerne, frisch gehackt

1 Ei

Saft und Schalenabrieb von ½ Bio-Zitrone

Salz, frisch gemahlener schwarzer Pfeffer

Alle Zutaten gut vermengen und abschmecken.

Avocadofüllung

2 reife Avocados

8 Cocktailtomaten, gehackt

1 Handvoll Selleriegrün, gehackt

Salz, frisch gemahlener schwarzer Pfeffer

Saft von ½ Bio-Zitrone

4 EL gekeimte Alfalfa-Sprossen

Fruchtfleisch der Avocados herauslösen und mit einer Gabel zerdrücken. Tomaten und Selleriegrün untermengen. Mit Salz, Pfeffer und Zitrone abschmecken. Zum Schluss die Sprossen unterheben.

Gesund und gut:

Vegetarische Küche

Topinambursalat mit Senfdressing und Sellerie

½ kg Topinambur, geschält, in Scheiben

6 EL Olivenöl

4 EL Senf

Saft und Schalenabrieb von 1 Bio-Zitrone

frisch gemahlener schwarzer Pfeffer

1 Bund Dill, grob gehackt

3 Stangen Sellerie, in kleinen Stücken

Salz

2 cm Ingwer, fein gehackt

Topinambur in einem gelochten Garbehälter 12 Minuten bei 100 °C garen. Aus Öl, Senf, Zitrone und Pfeffer ein Dressing rühren.

Den noch warmen Topinambur mit Dressing, Dill und Sellerie vermischen, mit wenig Salz und fein gehacktem Ingwer abschmecken und und noch warm mit einem Baguette servieren.

Steirischer Linsensalat

200 g Belugalinsen

200 g Puy-Linsen

700 ml Gemüsebrühe

100 g rote Linsen

1 Zwiebel, fein gewürfelt

1 roter Paprika, klein gewürfelt

1 gelber Paprika, klein gewürfelt

2 Stangen Sellerie, in feinen Ringen

200 g Steirerkas', in Stücken

1 Handvoll Kräuter, frisch gehackt

Für die Marinade:

etwas Apfelessig

etwas Kürbiskernöl

etwas Apfelmost

Salz, frisch gemahlener schwarzer Pfeffer

Beluga- und Puy-Linsen mit der Gemüsebrühe in einen ungelochten Garbehälter geben und bei 100 °C 22 Minuten garen. 10 Minuten vor Ende der Garzeit die roten Linsen untermengen.

Dann die Linsen mit allen anderen Zutaten vermischen. Aus etwas Apfelessig, Kürbiskernöl, Apfelmost, Salz und Pfeffer eine Marinade bereiten und die Linsen damit abschmecken.

Spargelrisotto

750 g grüner Spargel

200 g Schalotten, fein gewürfelt

250 g Risottoreis

3 EL Butter

100 ml Weißwein

800 ml Gemüsebrühe

75 g Parmesan, frisch gerieben

100 ml Sahne

1 Bund Petersilie oder andere
Kräuter nach Geschmack, gehackt

Die holzigen Enden des Spargels entfernen. Spargel in 3 cm große Stücke schneiden, die Spitzen beiseitestellen. Spargelstücke (ohne Spitzen) in einen Garbehälter geben und 10 Minuten bei 100 °C garen. Schalotten, Reis, Butter, Wein und Brühe 20 Minuten in einem ungelochten Behälter bei 100 °C dämpfen. Dann Parmesan, Spargelstücke, Sahne und Kräuter untermengen und weitere 5 Minuten bei 100 °C garen.

Risotto herausnehmen und zugedeckt ein paar Minuten ruhen lassen. Währenddessen die Spargelspitzen 3 Minuten bei 100 °C garen. Das Risotto mit den Spitzen bestreut servieren.

Pilzrisotto

400 ml Gemüsebrühe

100 ml Weißwein

320 g Risottoreis

Salz

2 kleine rote Zwiebeln, in schmalen
Ringen

50 g Butter

250 g Shiitake, Steinpilze oder
Champignons, mit einem Pinsel
gereinigt

100 ml Sahne

50 g Parmesan, frisch gerieben

frisch gemahlener schwarzer Pfeffer

½ Bund Petersilie, gehackt

Brühe, Wein, Reis und etwas Salz bei 100 °C rund 15 Minuten in einem ungelochten Garbehälter garen lassen.

Inzwischen Zwiebeln in einer beschichteten Pfanne mit Butter anschwitzen. Pilze zugeben und kurz mitgaren lassen. Sahne einrühren.

Die im Dampfgarer vorgegarten Zutaten ebenfalls in die Pfanne geben und alles unter gelegentlichem Rühren 4 Minuten sanft weiterköcheln lassen. Parmesan einrühren, das Risotto mit Pfeffer abschmecken und mit Petersilie bestreut servieren.

Gesund und gut: **Vegetarische Küche**

Kürbissalat mit Parmesan und Salbei

600 g Kürbis

4 EL Olivenöl

Salz

3 EL Rapsöl

1 Handvoll frische Salbeiblätter

Saft von 2 Zitronen

frisch gemahlener schwarzer Pfeffer,

Zucker

300 g Feta, in Würfeln

1–2 Birnen, in Würfeln

2 rote Pfefferoni, entkernt, in feinen

Ringen

Kürbis grob zerteilen und entkernen. Das Kürbisfleisch mit 1 EL Olivenöl und etwas Salz einreiben. Mit der Schalenseite nach unten in einen ungelochten Garbehälter legen und bei 100 °C 30 Minuten garen. Rapsöl in einer beschichteten Pfanne erhitzen und die Salbeiblätter darin knusprig anbraten.

Aus 3 EL Olivenöl, Zitronensaft, Salz, Pfeffer und Zucker eine Vinaigrette rühren.

Mit einem Kaffeelöffel aus dem gegarten Kürbis kleine Stücke ausstechen. Mit Feta, Birnenstücken, Pfefferoni und der Vinaigrette vermischen. Den Salbei darüber verteilen.

65

➤ Die Vinaigrette wird natürlich klassisch mit dem Schneebesen gemacht. Ich mach's mir aber meist ein wenig einfacher: Alle Zutaten in ein Gurken- oder Einweckglas geben, das Glas gut verschließen und ordentlich „shaken". Das ist praktisch, und man kann die Marinade gleich im Glas für ein paar Stunden im Kühlschrank aufbewahren.

Blumenkohl mit Paprikasoße

2 Bio-Zitronen

1 kleiner Blumenkohl, etwa 700 g, in Röschen

100 ml Gemüsebrühe

2 rote Paprika, entkernt, in Streifen

2 Schalotten, in Würfeln

Salz, frisch gemahlener schwarzer Pfeffer

1 TL Olivenöl

etwas Koriander

Zitronen mit heißem Wasser waschen. Abtrocknen und Schale mit dem Sparschäler in dünne Streifen schneiden. Einen ungelochten Garbehälter etwa 2 cm hoch mit Wasser füllen, Zitronenschalen einlegen. Blumenkohl in einen gelochten Garbehälter geben.

Das Zitronenwasser im Dampfgarer unter dem Gemüse positionieren. Bei 95 °C rund 17 Minuten dämpfen.

Gemüsebrühe in einen ungelochten Behälter füllen, Paprika und Schalotten zugeben und zeitgleich mit dem Blumenkohl 12 Minuten im Dampfgarer garen. Dann den Paprika-Schalotten-Mix mit dem Stabmixer pürieren und mit Salz, Pfeffer, Olivenöl und Koriander abschmecken. Blumenkohl mit der Soße vermischen und servieren.

➻ Blumenkohl trifft nicht jedermanns Geschmack. Er lässt sich in diesem Rezept auch wunderbar durch Brokkoli ersetzen.

Gesund und gut: **Vegetarische Küche**

Gedämpfte Paprika mit vegetarischer Füllung

4 große Paprika, den Deckel abgeschnitten und entkernt

Für die Füllung:

300 g Bulgur

2 Eier

1 kleine Pfefferschote, entkernt, fein gewürfelt

1 Handvoll Basilikumblätter, gehackt

1 Bund Schnittlauch, in Röllchen

60 g Parmesan, fein gerieben

50 g Gojibeeren

4 Jungzwiebeln, in feinen Ringen

etwas Petersilie, gehackt

Salz, frisch gemahlener schwarzer Pfeffer

Bulgur für die Füllung abspülen und mit 600 ml Wasser (oder Gemüsebrühe) in einen ungelochten Behälter geben. Bei 100 °C etwa 30 Minuten garen, dann auskühlen lassen.

Eier verquirlen. Mit Bulgur und allen weiteren Zutaten für die Füllung vermischen, mit Salz und Pfeffer würzen.

Paprika mit der Bulgurmischung füllen und mit der Öffnung nach oben in einem gelochten Dampfeinsatz bei 100 °C 20 Minuten garen.

➵ Zu diesem Gericht passt eine Tomatensoße sehr gut (siehe Seite 108).

Ratatouille

250 g Zucchini, in mundgerechten
Stücken

1 kleine Aubergine, in
mundgerechten Stücken

400 g Tomaten, in mundgerechten
Stücken

2 kleine Zwiebeln, klein gewürfelt

je 1 rote und gelbe Paprikaschote, in
Würfeln

2 Knoblauchzehen, gehackt

1–2 Zweige Rosmarin, die Nadel fein
gehackt

4 EL Olivenöl

2 EL Tomatenmark

100 ml Gemüsebrühe

2 Stiele Basilikum, Blätter fein
gehackt *

3 Stiele Thymian, Blätter fein
gehackt *

3 Stiele Oregano, Blätter fein
gehackt*

* jeweils ein paar Blätter zum
Garnieren beiseitelegen

Salz, frisch gemahlener schwarzer
Pfeffer

Für die Beilage:

200 g Basmatireis

Salz

Alle Zutaten für die Ratatouille (außer den Kräutern zum
Garnieren) in einen ungelochten Garbehälter geben,
würzen und gut verrühren. Reis mit 1 TL Salz und 220 ml
Wasser ebenfalls in einen geschlossenen Garbehälter
füllen.

Beide Behälter in den Dampfgarer geben und rund
18 Minuten bei 100 °C dämpfen. Es könnte sein, dass
der Reis noch einige Minuten länger dämpfen muss, die
Garzeiten der einzelnen Sorten sind unterschiedlich
(siehe auch Aufstellung auf Seite 108).

Zum Schluss die Ratatouille mit Salz und Pfeffer abschmecken und mit den Kräutern bestreuen. Gemeinsam mit dem Reis servieren.

69

➤ Ursprünglich war eine Ratatouille ein Arme-Leute-Es-
sen, für das übrig gebliebenes Gemüse verarbeitet wurde.
Daher auch der Name: Im Provenzalischen steht das Wort
„Ratatolha" für Resteessen. Doch auch heute ist dieser
französische Gemüsetopf eine wunderbare Resteverwertung – denn eigentlich kann man hier fast jedes Gemüse
untermengen.

Reis-Kräuter-Soufflé

300 g Reis

600 ml Gemüsebrühe

3 Karotten, fein geraspelt

4–5 EL Erbsen (TK)

3 EL Kräuter nach Wahl, frisch gehackt

einige Spinatblätter, frisch gehackt

1 Ei, getrennt

Salz, frisch gemahlener schwarzer Pfeffer

etwas Butter

Reis in einen ungelochten Garbehälter geben, mit Gemüsebrühe aufgießen und 20 Minuten bei 100 °C dämpfen lassen.

Karotten, Erbsen, Kräuter und Spinatblätter mit dem Eigelb vermengen und unter den Reis mischen. Salzen und pfeffern.

Eiweiß mit 1 Prise Salz zu steifem Schnee schlagen und vorsichtig unter die Reismasse heben. Die Souffléförmchen mit wenig Butter ausfetten und die Reismasse darauf verteilen. Die Förmchen in den Dampfgarer stellen und bei 100 °C 35 Minuten dämpfen lassen. Mit grünem Salat servieren.

Orientalisches Kürbiscurry

1,5 kg Kürbis, entkernt, Fleisch in mundgerechte Stücke geschnitten

500 ml Gemüsebrühe

2 Zwiebeln, fein gewürfelt

2 Stangen Lauch, in feinen Ringen

1 Chilischote, entkernt, fein gehackt

3 EL Currypulver

Salz, frisch gemahlener schwarzer Pfeffer

1 EL Apfelessig

800 ml Kokosmilch

3 EL Gojibeeren

100 g Sahne

1 Bund Petersilie, grob gehackt

Kürbisstücke mit Gemüsebrühe und Zwiebeln in einem ungelochten Garbehälter 10 Minuten bei 100 °C dämpfen. Lauch und Chili untermengen, mit Curry, Salz, Pfeffer und Essig würzen und für weitere 10 Minuten in den Dampfgarer geben. Kokosmilch, Gojibeeren und Sahne unterrühren, eventuell nachwürzen. Mit Petersilie bestreut servieren.

Schnelles Omelett

4 Eier

4 EL Milch

Salz, frisch gemahlener schwarzer Pfeffer

2 Jungzwiebeln, in Ringen

6 Cocktailtomaten, geviertelt

1 Handvoll Kräuter nach Wahl, gehackt

Je zwei Eier in einer kleinen Schüssel gut verquirlen, mit je 2 EL Milch verlängern und mit Salz und Pfeffer würzen. 2 Edelstahlschüsseln mit Backpapier auslegen, die Eimasse einfüllen (nicht höher als 1 cm). Jungzwiebeln und Tomaten in einen ungelochten Garbehälter füllen. Alle 3 Behälter für etwa 10 Minuten bei 90 °C in den Dampfgarer geben.

Eieromeletts auf Teller stürzen, das Gemüse darauf verteilen und die Omeletts umklappen.

➻ Ich fülle diese Omeletts eigentlich immer mit allen möglichen Resten aus der Gemüselade – da sind der Fantasie keine Grenzen gesetzt.

➻ Ich habe mir für diese Omeletts extra zwei kleine runde Edelstahlschüsseln gekauft, die Zubereitung klappt aber natürlich auch mit den gängigen rechteckigen Behältern.

• •

Übrigens: Auch klassische (Frühstücks-)Eier gelingen im Dampfgarer gut und einfach.

➻ Auf dem Punkt: weiches oder hartes Ei

Das Ei einfach in den gelochten Behälter geben und bei 100 °C garen:

➻ weiches Ei: 4 Minuten

➻ kernweiches Ei: 6 Minuten

➻ hartes Ei: 8 Minuten

Die Eier unbedingt mit kaltem Wasser abschrecken, damit sie nicht nachgaren.

➻ Pochiertes Ei

Ein kleines Förmchen ausbuttern. Das Ei aufschlagen und hineingleiten lassen. 3–4 Minuten bei 100 °C dämpfen. Mit Salz und Pfeffer würzen und mit Schnittlauch bestreuen.

• •

Gesund und gut: **Vegetarische Küche**

Eine runde Sache:

Knödel und mehr

Leberknödel – als Suppeneinlage

⅛ l Milch

50 g altbackenes Weißbrot, klein gewürfelt

1 kleine Zwiebel, klein gewürfelt

1 Knoblauchzehe, klein gewürfelt

2 EL Butter

150 g Rinderleber, klein gewürfelt

1 Ei

40 g Paniermehl (Semmelbrösel)

½ TL getrockneter Majoran

1 Bund Petersilie, gehackt

Salz, frisch gemahlener schwarzer Pfeffer

Milch erwärmen, Weißbrotwürfel damit übergießen und etwa 10 Minuten ziehen lassen. Zwiebel und Knoblauch in zerlassener Butter glasig andünsten. Brot gut ausdrücken und zusammen mit der Leber sowie der Zwiebelröstung fein faschieren oder mit dem Stabmixer pürieren. Ei, Paniermehl, Majoran und Petersilie mit der Lebermasse gut vermengen. Mit Salz und Pfeffer kräftig abschmecken und etwa 30 Minuten kalt stellen. Mit feuchten Händen aus der Masse kleine Knödel formen und diese bei 100 °C etwa 18 Minuten dämpfen.

➥ In Salzburg und auch im Innviertel gelten gebackene Leberknödel als regionale Spezialität. Dafür wird die Leberknödelmasse laut Grundrezept zubereitet, dann werden Knödel geformt und anschließend in Mehl, verquirlten Eiern und Semmelbröseln paniert, in heißem Fett (traditionell in Schmalz) ausgebacken und mit Sauerkraut oder Salat als Hauptspeise gegessen.

Südtiroler Kasknödel

2 Zwiebeln, fein gewürfelt

1 EL Butter

350 g Semmelwürfel

250 g Südtiroler Bergkäse, gewürfelt

Salz, frisch gemahlener schwarzer Pfeffer

1 Bund Schnittlauch, in Röllchen

4 Eier

200 ml Milch

100 g Butter

100 g Parmesan, frisch gerieben

Zwiebeln in Butter glasig andünsten. Semmelwürfel mit Zwiebeln, Käsewürfeln, Salz, Pfeffer und Schnittlauch vermengen. Eier mit der Milch verrühren und nach und nach mit den Semmelwürfeln vermengen, bis eine teigige Masse entsteht. Mit feuchten Händen Knödel formen und bei 100 °C 15 Minuten im Dampfgarer garen lassen. Die Butter schmelzen lassen. Die Knödel mit Parmesan bestreut und großzügig mit Butter beträufelt servieren.

Semmelknödel

250 g Semmelwürfel

70 g Butter

2 Eier

300 ml Milch

½ Bund Petersilie

1 Zwiebel, fein gewürfelt

Salz

Alle Zutaten gut miteinander vermischen. Es soll eine homogene Masse sein, die man zu Knödeln formen kann – bei Bedarf noch ein wenig Milch zugeben. Den Teig etwa 1 Stunde ruhen lassen.

Mit feuchten Händen gleich große Knödel formen. In den gelochten Garbehälter geben und 22 Minuten bei 100 °C garen.

➤ Ich bereite Knödel immer auf Vorrat zu. Sie lassen sich wunderbar einfrieren (und später im Dampfgarer auftauen) – geröstete Knödel sind ein beliebtes „Rest'l-Essen" in meiner Familie.

➤ Soll's herzhafter sein, gewürfelten Speck oder Schinken unter die Knödelmasse mengen.

Kartoffelknödel-Grundrezept

1 kg Kartoffeln (mehligkochend), geschält, in Stücken

80 g Mehl

160 g Speisestärke

2 Eier

Salz

Kartoffeln in einen gelochten Behälter geben und bei 100 °C 25 Minuten garen. Noch heiß durch eine Kartoffelpresse drücken. Die Masse etwas abkühlen lassen. Dann alle übrigen Zutaten gut mit der Masse vermengen. Mit feuchten Händen Knödel formen.

Einen gelochten Behälter mit Backpapier auslegen, die Knödel darin verteilen und bei 100 °C 20 Minuten garen.

➺ Ob mit Grammeln, Speck oder einfach mit übrig gebliebenem Fleisch (Kasseler, Geselchtes) – diese Knödel lassen sich beliebig füllen. Richtig gut schmecken sie auch mit Spinat und Feta. Für süße Knödel ist dieses Grundrezept allerdings nicht so gut geeignet, da der Teig dann anders zu würzen ist.

➺ Rezepte für süße Knödel finden Sie ab Seite 146.

Tiroler Spinatknödel

125 ml Milch

250 g Semmelwürfel

Salz

2 Eier

50 g Bergkäse, gerieben

250 g Spinat

1 mittelgroße Zwiebel, fein gehackt

80 g Butter

2 Knoblauchzehen, gepresst

etwas Parmesan, gerieben

1 Bund Schnittlauch, in Röllchen

80

Milch erwärmen. Semmelwürfel mit Milch übergießen und salzen. Eier verquirlen und zur Masse geben. Käse zugeben und die Masse leicht durchkneten. Etwas ziehen lassen. Spinat passieren. Nachdem die Masse 10 Minuten gezogen hat, den Spinat zugeben. Die Masse wieder leicht durchkneten.

Zwiebel in etwa 30 g Butter anschwitzen, Knoblauch zugeben. Zur Knödelmasse geben, untermengen und alles 30 Minuten rasten lassen. Der Teig sollte sich gut kneten lassen – wenn er zu hart ist, etwas Milch zugeben, wenn er zu trocken ist, ein weiteres Ei untermengen, wenn er zu weich ist, noch einige Semmelwürfel unterrühren.

Mit feuchten Händen Knödel formen, diese in einen gelochten Garbehälter geben. Bei 90 °C rund 30 Minuten garen. Die restliche Butter schmelzen und leicht bräunen lassen. Knödel mit Butter, Parmesan und Schnittlauch garniert servieren.

➤ Bei meiner Oma waren Knödel die beste Restverwertung. Auch ich verwende dafür fast alles, was in der Küche übrig geblieben ist, etwa hart gewordenes Brot (von Baguette bis Vollkornbrot) oder Käsereste. Ich mische sogar Kartoffeln unter die Knödelmasse oder nehme statt des Spinats anderes Gemüse (zum Beispiel Rote Beten). Bisher haben – fast – alle meine Versuche wunderbar geschmeckt.

Eine runde Sache: **Knödel und mehr**

Krautrouladen auf Wiener Art

1 altbackenes Brötchen (Semmel)

1 Zwiebel, fein gehackt

etwas Butter

600 g Hackfleisch (Faschiertes), am besten 2 Teile Rind, 1 Teil Schwein

1 Ei

2 Knoblauchzehen, fein gehackt

½ Bund Petersilie, gehackt

Salz, frisch gemahlener schwarzer Pfeffer

1 Weißkohl (Weißkraut)

etwas Kümmel

8 Scheiben Frühstücksspeck

150 ml Gemüsebrühe

200 ml saure Sahne

Brötchen in Wasser (oder Milch) einweichen, ausdrücken und durch ein Sieb passieren. Zwiebel in etwas Butter glasig dünsten. Hackfleisch mit dem passierten Brötchen, Ei, Zwiebel und Knoblauch vermengen, mit Petersilie, Salz und Pfeffer würzen.

Vom Weißkohl 8 schöne, große Blätter ablösen. In einem gelochten Garbehälter 2 Minuten bei 90 °C blanchieren, mit kaltem Wasser abschrecken und auf einem Tuch trocknen lassen. Die großen Rippen ausschneiden. Hackfleischmischung auf die Mitte der Kohlblätter verteilen, diese einmal einrollen, die Enden der Kohlblätter umbiegen, weiterrollen.

Den restlichen Kohl in feine Streifen schneiden und in einen ungelochten Garbehälter geben. Salzen und mit etwas Kümmel würzen. Darauf die Rouladen legen und den Speck darüber verteilen. Mit Brühe aufgießen und im Dampfgarer bei 100 °C 15 Minuten garen.

Saure Sahne mit dem Schneebesen aufrühren, über die Rouladen gießen und diese weitere 5 Minuten garen. Vor dem Servieren mit Salz und Pfeffer abschmecken.

➠ Ich verwende statt oder neben der Semmel auch oft und gerne übrig gebliebenen Reis. Das schmeckt sehr gut und ist eine einfache Resteverwertung.

83

Prager Sauerkraut-Gnocchi

600 g Kartoffeln (mehligkochend), geschält, in Stücken

50 g Mehl

50 g Hartweizengrieß

1 Eigelb

1 TL Salz

1 Pck. Sauerkraut

200 g Speckwürfel

Kartoffeln in einem gelochten Garbehälter bei 100 °C 18 Minuten weich garen. Noch heiß durch eine Kartoffelpresse drücken. Mit Mehl, Grieß, Eigelb und Salz zu einem Teig verkneten. Kurz rasten lassen.

Den Teig zu einer Rolle formen und etwa 30 Gnocchi abschneiden. Mit einer Gabel auf einer Schnittseite etwas flach drücken. Einen gelochten Garbehälter mit Backpapier auslegen und die Gnocchi einlegen. Sauerkraut in einen ungelochten Behälter geben. Beides gemeinsam bei 100 °C 10 Minuten garen lassen.

In der Zwischenzeit Speckwürfel in einer hohen beschichteten Pfanne anrösten. Gnocchi und Sauerkraut abtropfen lassen und zum Speck geben. Ein paar Minuten unter Rühren andünsten und servieren.

➡ Junge Kartoffeln enthalten viel Feuchtigkeit und sind daher für die Zubereitung von Gnocchi nicht ideal. Es gilt: Je älter die Kartoffeln, desto leichter und luftiger werden die Gnocchi. Ich nehme am liebsten die Kartoffeln, die schon zu sprießen beginnen.

Eine runde Sache: **Knödel und mehr**

Dim Sum

250 g Mehl

Salz

Backpapier oder dicker Chinakohl,
Pak Choi bzw. andere Blätter

Mehl und Salz mit 125 ml Wasser zu einem glatten Teig verkneten. Teig zu einer Kugel formen und zugedeckt 30 Minuten ruhen lassen.

Dann in 20 Portionen teilen und diese zu Kugeln formen. Die Teigkugeln auf einer bemehlten Arbeitsfläche sehr dünn kreisförmig ausrollen. Die Kreise sollten einen Durchmesser von mindestens 10 cm haben.

Etwa 1–2 TL der jeweiligen Füllung mittig auf die Kreise geben, den Teig darüber zusammenschlagen und zu kleinen Beuteln drehen.

Die gelochten Garbehälter mit Backpapier oder Blättern auslegen, die Teigtaschen nicht zu nahe nebeneinander darauf platzieren. Bei 100 °C etwa 20–30 Minuten garen.

➡ Ich mag diese Teigtaschen besonders gerne, weil sie einfach zu machen, aber unglaublich variantenreich sind. Denn Dim Sum sind zwar Klassiker aus der kantonesischen Küche, aber eigentlich werden sie auf der ganzen Welt mit den unterschiedlichsten Füllungen angeboten. Wenn's besonders schnell gehen soll, kaufe ich fertige Wan-Tan-Blätter im Asialaden und mache nur die Füllung selbst – diese fertigen Blätter müssen auch nicht so lange gegart werden. Übrigens: Ein Wiener Koch hat mir einmal erzählt, dass Dim Sum frei übersetzt „der Geschmack, der das Herz berührt" heißt.

Eine runde Sache: **Knödel und mehr**

Garnelenfüllung

10 Garnelen, roh, ohne Schale, ohne Kopf, ohne Darm, fein gewürfelt

4 cm Ingwer, geschält, fein gewürfelt

½ rote Chilischote, fein gewürfelt

2 Jungzwiebeln, in dünnen Röllchen

4 Stiele Koriander, Blätter fein gehackt

2 EL Sojasoße

Fleischfüllung

150 g Hackfleisch (Faschiertes)

1 TL Chilipaste

10 cm Lauch, fein geschnitten

4 Champignons, fein geschnitten

2 EL Sojasoße

Salz, frisch gemahlener schwarzer Pfeffer

Karottenfüllung

2 Karotten, in feinen Streifen

10 cm Lauch, in feinen Ringen

½ Zucchini, in feinen Streifen

1–2 Knoblauchzehen, gepresst

4 TL Radieschensprossen, gekeimt

2 EL Frischkäse

Salz, frisch gemahlener schwarzer Pfeffer

Alle Zutaten mischen und die Teigblätter damit füllen.

Kärntner Kasnudeln mit Kartoffel- & Hirsefüllung

Für den Teig:

250 g glattes Mehl

1 TL Salz

1 Ei

6–8 EL Wasser oder Milch

Für die Kartoffelfüllung:

½ kg Kartoffeln, geschält, in Stücken

½ kg bröseliger Quark

50 g Butter

50 g Lauch, fein gehackt

1 Knoblauchzehe, fein gehackt

1 TL Salz

etwas Minze, Kerbel und Majoran, gehackt

Für die Hirsefüllung:

200 g Hirse

1 TL Salz

½ kg Quark

etwas Minze, Kerbel und Majoran, gehackt

etwas Schnittlauch für die Garnitur, in Röllchen

Mehl, Salz, Ei und Flüssigkeit in einer Schüssel gut vermischen und zu einem glatten, nicht zu festen Teig verkneten (das kann etwas dauern). Den Teig mindestens 1 Stunde oder besser über Nacht zugedeckt rasten lassen.

Kartoffeln für die Kartoffelfüllung in einen gelochten Behälter geben und bei 100 °C 25 Minuten garen. Möglichst heiß durch die Kartoffelpresse drücken. Die Kartoffelmasse mit Quark vermengen. Butter erhitzen, Lauch und Knoblauch kurz andünsten. Alle Zutaten vermischen und gut durchkneten. Mit einem Löffel kleine Kugeln formen und beiseitestellen.

Hirse für die Hirsefüllung gut waschen und mit 750 ml Wasser und Salz in einem ungelochten Garbehälter bei 100 °C 15 Minuten kernig weich kochen. Hirse mit Quark und Kräutern gut vermengen. Kleine Kugeln formen und beiseitestellen.

Den Nudelteig auf einer bemehlten Fläche dünn auswalken und mit einem runden Ausstecher (einem Glas oder einer kleinen Schüssel) Scheiben mit etwas 10 cm Durchmesser ausstechen. Jeweils 1 Kartoffel- oder Hirsekugel auf eine Seite der Scheibe legen, die Scheibe darüber zusammenklappen. Die Ränder gut mit den Fingern zusammendrücken. Es sollte keine Luft in den Nudeln sein. Die Kasnudeln in einem gelochten Behälter bei 100 °C 10 Minuten dämpfen. Mit Schnittlauch garniert servieren.

Königsberger Klopse mit Sellerie-Pastinaken-Püree

½ kg gemischtes Hackfleisch (Faschiertes)

1 Zwiebel, fein gehackt

2 EL scharfer Senf

2 EL Mineralwasser

6 EL Paniermehl (Semmelbrösel)

Salz, frisch gemahlener schwarzer Pfeffer, Muskat

Für die Soße:

700 ml Rindsuppe

2 TL Speisestärke

125 ml Sahne

Salz, frisch gemahlener schwarzer Pfeffer

etwas Zucker

Muskat

2 EL eingelegte Kapern

Für das Püree:

600 g Sellerie, geschält, in Stücken

200 g Pastinaken, geschält, in Stücken

Salz, frisch gemahlener schwarzer Pfeffer

Muskat

Für das Püree Sellerie- und Pastinakenstücke in einen gelochten Garbehälter geben. In einer Schüssel Hackfleisch mit Zwiebel, Senf, Mineralwasser, Paniermehl und Gewürzen gut vermischen. Mit feuchten Händen etwa 12 kleine Klopse formen und diese gleichmäßig in einem gelochten Garbehälter verteilen. Die Rindsuppe in einem Garbehälter unter den Klopsen positionieren, den Behälter mit Sellerie und Pastinake ebenfalls einstellen und alles gemeinsam 20 Minuten bei 100 °C garen. Die fertigen Klopse im Dampfgarer warm halten.

Pastinaken und Sellerie mit dem Stabmixer pürieren und mit Salz, Pfeffer und Muskat abschmecken.

Für die Soße die Rindsuppe in einen Topf füllen und aufkochen lassen. Speisestärke mit 2 EL kaltem Wasser und 1 EL Sahne verrühren. Diese Flüssigkeit in die kochende Rindsuppe einrühren. Dann nach und nach die restliche Sahne zufügen, mit Salz, Pfeffer, etwas Zucker und Muskat abschmecken. Zum Schluss noch die Kapern mitsamt dem Essigwasser zufügen. Die Klopse mit der Soße und dem Püree servieren.

Gedämpfte Brötchen mit Chicorée

Für den Teig:

20 g Hefe (Germ)

125 ml lauwarmes Wasser

1 Prise Zucker

200 g Weizenmehl

20 g Butter

Für die Füllung:

2 EL Rapsöl

1 cm Ingwer, fein gehackt

1 cm Kurkuma, fein gehackt

1 Knoblauchzehe, fein gehackt

1 Karotte, fein gehackt

3 kleine Chicorée, fein gehackt

1 Lauch, in feinen Ringen

1 EL Sesamöl

etwas Chilisoße

Alle Teigzutaten miteinander verkneten und zugedeckt an einem warmen Ort gehen lassen. Für die Füllung Rapsöl in einem Wok erhitzen. Ingwer, Kurkuma und Knoblauch darin etwa 1 Minute andünsten. Das gehackte Gemüse zugeben: Erst die Karotten 1 Minute andünsten lassen, dann Chicorée und Lauch einrühren und alles 1 weitere Minute andünsten lassen. Vom Herd nehmen und auskühlen lassen. Mit Sesamöl und Chilisoße abschmecken.

Den Teig erneut durchkneten und in 16 gleich große Stücke teilen. Aus jedem Stück einen Kreis von ca. 7 cm Durchmesser formen. In jeden Kreis 2 TL der Füllung setzen. Die Ränder darüber zu einem Päckchen verschließen. Einen ungelochten Garbehälter mit Backpapier auslegen, die Päckchen mit etwas Abstand darin verteilen. Bei 100 °C 25–30 Minuten garen.

91

➡ *Diese „Bao Buns" genannten Brötchen sind sozusagen asiatische Hamburger – und ebenfalls eine wunderbare Resteverwertung. Ich fülle sie nicht nur mit Gemüse, sondern sehr gerne auch mit Hühnerfleisch oder Faschiertem.*

Leichter Genuss:
Fisch aus dem Dampf

94

Zander mit Grünkernrisotto

4 Zanderfilets

Saft von 1 Zitrone

Salz, Pfeffer

1 EL Olivenöl

Für das Risotto:

2 EL Olivenöl

1 Schalotte, fein gehackt

1 Knoblauchzehe, gehackt

70 g Suppengrün (Karotte, Sellerie, Lauch etc.), fein gehackt

300 ml Gemüsebrühe

1 Lorbeerblatt

2 Gewürznelken

200 g Grünkern

30 g Butter

1 EL Petersilie, gehackt

1 EL Schnittlauch, gehackt

Salz, frisch gemahlener schwarzer Pfeffer

Olivenöl, Schalotte, Knoblauch, Suppengrün, Brühe, Lorbeer und Gewürznelken in einen ungelochten Garbehälter geben und bei 100 °C 3 Minuten aufkochen. Grünkern einrühren und weitere 35 Minuten garen. Zwischendurch ein paar Mal kräftig umrühren. Butter, Petersilie und Schnittlauch unterrühren und mit Salz und Pfeffer abschmecken. Kurz beiseitestellen.

Zander mit Zitronensaft beträufeln, salzen und etwas pfeffern. In einen ungelochten Garbehälter geben, mit Olivenöl beträufeln und 10 Minuten bei 85 °C dämpfen. Das Grünkernrisotto zum Fisch in den Dampfgarer stellen. Alles 10 Minuten garen. Zander mit Risotto servieren.

Forelle blau

4 küchenfertige Forellen

100 g Wurzelwerk, in feinen Streifen

1 Zwiebel, in Ringen

1 Fenchel, in feinen Streifen

1 Bund Dill, gehackt

1 Bio-Zitrone, in Scheiben

450 ml Weißwein

100 ml weißer Balsamicoessig

3 Lorbeerblätter

2 TL Pfefferkörner

etwas Butter

einige Bio-Zitronenscheiben zum Garnieren

Forellen in einen ungelochten Garbehälter legen. Gemüse, Dill und Zitronenscheiben über die Forellen geben. Weißwein und Essig in den Behälter füllen, Lorbeerblätter und Pfefferkörner ebenfalls einlegen. Bei 90 °C 14–17 Minuten dämpfen.

Butter mit etwa der gleichen Menge Garsud erhitzen und kurz vor dem Servieren über die Forellen gießen. Mit Zitronenscheiben anrichten. Dazu passen Kartoffeln oder Reis.

Bouillabaisse

Für den Gewürzfond:

4 Zweige Thymian

300 ml Weißwein

1 TL Safranfäden

1 EL Tomatenmark

1 TL edelsüßes Paprikapulver

1 TL Kurkuma

Schalenabrieb von 1 Bio-Zitrone

Für den Eintopf:

1 EL Olivenöl

4 Knoblauchzehen, klein gehackt

2 Zwiebeln, klein gehackt

800 ml Fischfond

1 Fenchelknolle, klein gewürfelt

100 g Champignons, geviertelt

4 Tomaten, klein gewürfelt

1 große mehlige Kartoffel, geschält, gerieben

6 Riesengarnelen

400 g Fischfilets nach Wahl

8–10 Miesmuscheln, geputzt und sortiert

Salz, frisch gemahlener grüner und schwarzer Pfeffer

Für den Gewürzfond Thymian mit Weißwein, Safran, Tomatenmark, Gewürzen und Zitronenabrieb in einem Topf aufkochen und 5 Minuten köcheln lassen. Öl für den Eintopf erhitzen, Knoblauch und Zwiebeln darin andünsten. Mit Fischfond ablöschen, Gewürzfond durch ein Sieb zugeben. Alles in einen ungelochten Behälter füllen.

Fenchel, Champignons, Tomaten und Kartoffel ebenfalls in den Behälter geben und alles bei 100 °C 20 Minuten garen.

Mit dem Stabmixer pürieren und die Suppe durch ein Sieb streichen. Garnelen, Fischfilets und Muscheln in die Suppe geben und nochmals bei 100 °C 8 Minuten garen. Mit Salz und Pfeffer abschmecken.

Dorade in Mangold mit Salzkartoffeln

ca. 700 g Mangold

4 Doradenfilets

Saft von 2 Zitronen

Salz

½ kg Kartoffeln (festkochend), geschält

2 EL Olivenöl

400 g Cocktailtomaten, halbiert

frisch gemahlener schwarzer Pfeffer

1 Prise Zucker

etwas Chili

4 EL Tomatenmark

350 ml Gemüsebrühe

Mangoldblätter auflegen und die Stiele herausschneiden. Stiele in Streifen schneiden. 1 l Wasser erhitzen, Mangoldblätter damit kurz blanchieren, mit kaltem Wasser abschrecken und trocken tupfen. Doradenfilets mit Zitronensaft beträufeln und salzen. Kartoffeln in einen gelochten Garbehälter geben und bei 100 °C etwa 10 Minuten garen.

Aus jeweils 2–3 Mangoldblättern ein „Blatt" formen, Fischfilets in die Mitte setzen. Die Blätter darumlegen, einschlagen und Päckchen formen. Fischpäckchen in einen gelochten Garbehälter geben, zu den Kartoffeln in den Dampfgarer stellen und alles gemeinsam bei 90 °C weitere 11–15 Minuten garen lassen.

Einstweilen die Mangoldstiel-Streifen in einer beschichteten Pfanne in etwas Öl andünsten. Tomaten beifügen, weitere 3 Minuten garen lassen. Salzen, pfeffern, zuckern und mit Chili würzen. Tomatenmark und Gemüsebrühe (oder alternativ Wasser) angießen. Umrühren, einmal aufkochen lassen. Die Doradenpäckchen mit den Kartoffeln und der Tomatensoße servieren.

Lachsfilet mit Safranrisotto

1 Bio-Zitrone

4 frische Lachsfilets

2 EL Butter

2 cm Ingwer, frisch gerieben

Salz, frisch gemahlener schwarzer Pfeffer

Für das Risotto:

300 g Risottoreis

2 Zwiebeln, gewürfelt

100 ml Weißwein

500 ml Gemüsebrühe

3 EL Butter

3 EL Parmesan

Zitrone für den Lachs in dünne Scheiben schneiden und die gelochten Garbehälter damit auslegen. Lachsfilets auf die Zitrone legen. Butterflocken darauf verteilen, mit Ingwer bestreuen. Salzen und pfeffern.

Für das Risotto alle Zutaten außer dem Parmesan in einen ungelochten Behälter geben und gut vermengen. Bei 100 °C 30 Minuten garen, nach etwa 15 Minuten einmal kräftig durchmengen. Nach 30 Minuten die Hitze auf 80 °C reduzieren. Lachs in den Dampfgarer schieben, das Risotto nochmals kurz umrühren, Parmesan untermischen. Lachs und Risotto 11 Minuten bei 80 °C garen. Lachs auf dem Risotto servieren.

➻ Mit Lachs ist es so eine Sache: Wildfang ist bedroht, Zuchtlachs sollte man nicht essen. Am besten ist es, auf heimische Alternativen wie etwa den Alpenlachs zurückzugreifen. Auch andere heimische Fische schmecken wunderbar. Information darüber, welche Fische mit gutem Gewissen zu essen sind, kann man im Fischratgeber des WWF nachschlagen.

Leichter Genuss: **Fisch aus dem Dampf**

Fischspieße mit Artischocken

4 große Artischocken

1 Bio-Zitrone, halbiert

600 g Seeteufel (alternativ Lachs und/oder Kabeljau)

Salz, frisch gemahlener schwarzer Pfeffer

4 Zitronengrashalme (oder Rosmarinzweige)

2 EL Olivenöl

4 Knoblauchzehen, gepresst

Artischockenstiele abbrechen, sodass die am Boden der Artischocken befindlichen Fäden ebenfalls herausgezogen werden. Das obere Drittel der Artischocken gerade abschneiden. Die äußeren harten Blätter und die dunklen um den Boden entfernen. Die Schnittflächen mit der halbierten Zitrone einreiben. Artischocken in einen gelochten Garbehälter geben und 40 Minuten bei 100 °C dämpfen – die äußeren Blätter sollten sich mit leichtem Zug einfach aus der Artischocke lösen lassen (wenn nicht, dann weitere 5 Minuten dämpfen).

Zitronenhälften auspressen. Schale abreiben. Fische in mundgerechte Stücke schneiden, mit etwas Zitronensaft beträufeln, salzen und pfeffern und auf das Zitronengras stecken. Im gelochten Garbehälter 10 Minuten bei 85 °C dämpfen.

Einstweilen Öl mit Knoblauch, Zitronenabrieb und etwas Zitronensaft aromatisieren und über die Artischocken träufeln. Artischocken mit den Fischspießen servieren.

➳ Die Artischocke ist nicht nur eine bei Feinschmeckern beliebte Delikatesse – sie gilt auch als Heilpflanze, die die Gallenproduktion anregen und sich positiv auf den Cholesterinspiegel auswirken soll.

Borschtsch mit Fisch

270 g Kartoffeln, geschält, gewürfelt

½ kleiner Weißkohl (Weißkraut), in feinen Streifen

3 kleine Rote Beten (Rote Rüben), geschält, gewürfelt

5 Tomaten, in Würfeln

2 rote Pfefferoni, in Ringen

1 Pck. Suppengrün, gewürfelt

2 Knoblauchzehen, zerdrückt

einige Pimentkörner

2 Lorbeerblätter

1 Handvoll Dill, gehackt

Salz, frisch gemahlener schwarzer Pfeffer, etwas Zucker

800 ml Gemüsebrühe

1 EL Tomatenmark

Saft von 1 Zitrone

4 Rotbarschfilets à 100 g

100 ml saure Sahne

Kartoffeln und Gemüse mit Gewürzen und Kräutern, Brühe, Tomatenmark und Zitronensaft in einen ungelochten Garbehälter geben. Bei 100 °C etwa 30 Minuten garen. 8 Minuten vor Ende der Garzeit den Fisch ebenfalls in den Garbehälter legen.

Borschtsch mit 1 Klecks saurer Sahne pro Portion servieren.

➥ Zu diesem Gericht mache ich immer einen Salat aus den Blättern der Roten Bete (Roten Rübe). Das ist nicht nur sehr gesund, sondern schmeckt – besonders mit einer klassischen Vinaigrette – sehr gut.

Cozze alla marinara

2 kg Muscheln

Salz

3 Stangen Staudensellerie, in
Scheiben

2 Stangen Lauch, in Scheiben

4–8 Knoblauchzehen, grob gehackt

2 Bio-Zitronen, geviertelt, und
½ Bio-Zitrone, in Spalten

250 ml Weißwein

etwas Petersilie, gehackt

Muscheln in gesalzenem Wasser waschen, gegebenenfalls sauber bürsten und aussortieren. In einen gelochten Garbehälter geben.

Gemüse, Knoblauch und Zitronenviertel in einen ungelochten Garbehälter geben. Mit Weißwein übergießen. Bei 100 °C 5 Minuten im unteren Bereich des Dampfgarers garen.

Danach den gelochten Behälter mit den Muscheln direkt über das Gemüse schieben und nochmals alles bei 100 °C 10 Minuten garen. Muscheln in eine Schüssel geben, mit Petersilie und Zitronenspalten garnieren und mit dem Gemüse servieren.

Schollenröllchen mit Lachsfüllung

8 Schollenfilets

Saft von 1 Zitrone

1 Bio-Zitrone, in dünnen Scheiben

Salz, frisch gemahlener schwarzer
Pfeffer

250 g Lachsfilet

1 Eiweiß

150 g Sahne

2 EL Dill, gehackt

Schollenfilets längs halbieren, mit Zitronensaft beträufeln und mit Salz und Pfeffer würzen. Lachsfilet mit Eiweiß, Sahne, Salz und Pfeffer mit dem Stabmixer möglichst fein pürieren.

Lachsmasse auf die Schollenfilets streichen und diese am besten von der Schwanzseite her einrollen. Mit einem Zahnstocher fixieren. Einen gelochten Garbehälter mit Zitronenscheiben auslegen, die Röllchen daraufgeben und bei 80 °C 18 Minuten garen lassen. Mit Dill garniert servieren. Dazu passen am besten Reis und eine feine Soße aus saurer Sahne.

Garnelencurry

25 g Nori-Algen

4 EL Kokosöl

2 TL Curry

500 ml Kokosmilch

Salz, frisch gemahlener schwarzer Pfeffer

Saft von 1 Limette

½ kg Garnelen

1 Zucchini, in Stücken

3 rote Chilis, in Streifen

1 Stange Lauch, in Ringen

3 Scheiben Ananas (Dose), ungesüßt

Nori-Algen 10 Minuten in kaltem Wasser einweichen. Kokosöl gut mit Curry vermengen (alternativ kann man auch eine fertige Currypaste verwenden) und dann mit der Kokosmilch – am besten mit einem Stabmixer – gut mixen. Mit Salz, Pfeffer und Limettensaft würzen. Algen aus dem Wasser nehmen und ausdrücken.

Garnelen, Zucchini, Chilis, Algen und Lauch in einen ungelochten Garbehälter geben, mit der Curry-Kokosmilch übergießen und bei 90 °C 6 Minuten dämpfen. Ananasscheiben in Stücke schneiden und dem Curry zufügen.

Dazu am besten Reis servieren (Grundrezept siehe Seite 108).

➡ Sehr, sehr gut zu diesem Curry passen auch Morcheln und Shiitake.

Leichter Genuss: **Fisch aus dem Dampf**

Von Huhn bis Rind:

Die moderne Fleischküche

Gefüllte Paprika

150 g Reis

150 g Hackfleisch (Faschiertes)

1 EL Öl

400 ml passierte Tomaten (Dose)

Salz, frisch gemahlener schwarzer Pfeffer

etwas Worchestersoße

etwas Tabasco

1 Bund Petersilie, gehackt

1 Zwiebel, gewürfelt

2 Knoblauchzehen, fein gehackt

4 Tomaten, gewürfelt

100 g Schafkäse, gewürfelt

4 große Paprika, halbiert, entkernt

Reis im ungelochten Garbehälter garen (siehe unten). Hackfleisch mit Öl in einer beschichteten Pfanne scharf anbraten. Beiseitestellen und auskühlen lassen. Passierte Tomaten mit Salz, Pfeffer, Worchestersoße, Tabasco und Petersilie vermischen. In einen ungelochten Garbehälter geben und beiseitestellen.

Wenn der Reis fertig gegart ist, diesen mit Zwiebel, Knoblauch, Tomaten, Hackfleisch und Schafkäse mischen. Mit Salz und Pfeffer gut würzen. Paprikahälften mit der Fleisch-Gemüse-Käse-Mischung füllen.

20 Minuten bei 100 °C in einem gelochten Garbehälter garen. Nach 10 Minuten die Tomatensoße ebenfalls in den Dampfgarer geben. Gefüllte Paprika mit der Tomatensoße servieren.

→ *Reis im Dampfgarer zubereiten*
Einfacher geht's nicht: Reis mit Wasser in einen ungelochten Behälter geben und bei 100 °C garen. Umrühren ist nicht notwendig. Wassermenge und Dampfzeit hängen von der Reissorte ab. Die hier angegebenen Zeiten sind Erfahrungswerte, sie können allerdings immer wieder leicht abweichen, denn auch innerhalb der Sorten gibt es Unterschiede. Also, ab und an kosten, das schadet auch beim Dampfgaren nicht.

→ *Parboiled Reis:*
1 Teil Reis
1 Teil Wasser
Garzeit: 20 Minuten

→ *Vollkorn- und Wildreis:*
1 Teil Reis
1,5 Teile Wasser
Garzeit: 38 Minuten

→ *Milch- und Risottoreis:*
1 Teil Reis
2 Teile Wasser
Garzeit: 25 Minuten

→ *Congee – TCM-Reisbrei*
1 Teil Klebreis
6 Teile Wasser
Garzeit: 4 Stunden

108

Hühner-Spinat-Rouladen mit Käse

400 g Blattspinat

Salz, frisch gemahlener schwarzer Pfeffer

4 Knoblauchzehen, klein gehackt

50 g Mozzarella, gewürfelt

50 g Schafkäse, gewürfelt

50 g Emmentaler, gewürfelt

4 Champignons, gewürfelt

100 g Speck, gewürfelt

4 Hühnerschnitzel

2 EL Frischkäse

Blattspinat in einem gelochten Garbehälter 3 Minuten bei 100 °C dämpfen. Mit Salz, Pfeffer und Knoblauch mischen. Käse-, Champignon- und Speckwürfel ebenfalls unter den Spinat mischen.

Hühnerschnitzel dünn ausklopfen. Mit Frischkäse bestreichen, Spinatfüllung darauf verteilen. Schnitzel einrollen und mit Zahnstochern fixieren. In einem gelochten Garbehälter verteilen und 20 Minuten bei 100 °C garen lassen.

109

➛ *Für Experimentierfreudige: Statt Spinat können auch junge Brennnesseln verwendet werden.*

Tafelspitz mit Röstkartoffeln und Cremespinat

1 kg Tafelspitz

3 Lorbeerblätter

2 EL Pfefferkörner

2 Wacholderbeeren

Salz

3 Karotten, in Stücken

2 Gelbe Rüben, in Stücken

½ Sellerie, in Streifen

1 Zwiebel, halbiert

2 Jungzwiebeln, halbiert

200 ml Rindsuppe

1 Bund Schnittlauch, in Röllchen

Für die Röstkartoffeln:

1 kg Kartoffeln (festkochend), geschält

80 ml Rapsöl

120 g Zwiebeln, fein geschnitten

Salz

Muskat

Für den Cremespinat:

1 kg Blattspinat

25 g Butter

25 g Mehl

Salz, frisch gemahlener schwarzer Pfeffer

4 Knoblauchzehen, gepresst

Kartoffeln in einem gelochten Behälter bei 100 °C 25 Minuten dämpfen (die Garzeit kann je nach Größe der Kartoffeln etwas variieren). Auskühlen lassen. Fleisch mit Gewürzen, Gemüse und Suppe in einen ungelochten Garbehälter geben und 60 Minuten bei 100 °C dämpfen.

Backofen auf 50 °C vorheizen. Die ausgekühlten Kartoffeln grob reiben (mit einem „Röstireißer"). Die Hälfte des Öls in einer beschichteten Pfanne erhitzen, die Jungzwiebeln darin anschwitzen und dann in ein anderes Gefäß umfüllen. Die Pfanne mit Küchenpapier reinigen, den Rest des Fetts erhitzen, Kartoffeln zugeben, mit Salz und Muskat würzen und unter Wenden knusprig bräunen. Zum Schluss die Zwiebeln untermengen. In der Pfanne im Backofen warm stellen.

Nach der Garzeit das Fleisch herausnehmen, die Suppe abseihen. Gemüse und Suppe beiseitestellen. Das Fleisch noch etwas rasten lassen. Spinat in einen ungelochten Behälter geben, 1 Minute bei 100 °C im Dampfgarer blanchieren, sanft ausdrücken und passieren. In einer Pfanne Butter schmelzen, Mehl kurz anschwitzen, mit 1 Schöpfer der heißen Suppe aufgießen und alles unter mehrmaligem Rühren 4 Minuten köcheln lassen. Den Spinat einrühren, nochmals aufkochen lassen (gegebenenfalls nochmals passieren). Mit Salz, Pfeffer und Knoblauch abschmecken. Tafelspitz aufschneiden, mit Schnittlauch bestreuen und mit Gemüse, Röstkartoffeln und Cremespinat servieren.

➼ Die klassische Beilage zum Tafelspitz ist Apfelkren – und der lässt sich ganz einfach zubereiten: Eher säuerliche Äpfel fein reiben, mit Zitronensaft und frisch gerissenem Meerrettich (Kren) vermengen. Mit etwas Öl, Salz und ein wenig Zucker abschmecken. Soll der Apfelkren länger halten, dünste ich die Äpfel wie ein Kompott im Dampfgarer (ohne Süße), passiere sie und mische erst dann Meerrettich und Salz darunter. So hält der Apfelkren bis zu 1 Monat.

110

Steirisches Wurzelfleisch mit Salzkartoffeln

800 g Schweinefleisch (Schulter)

Salz

125 ml Apfelessig

2 Lorbeerblätter

4 Pfefferkörner

16 kleine Kartoffeln, geschält, halbiert

4 Karotten, in Streifen

4 Gelbe Rüben, in Streifen

½ Sellerie, in Streifen

1 Petersilienwurzel, in Streifen

2 Jungzwiebeln, in feinen Ringen

½ Stange Lauch, in feinen Ringen

1 Zweig Thymian

40 g Butter, in kleinen Stücken

150 g Meerrettich, frisch gerieben

Fleisch mit 1 l Wasser, Salz, Essig, Lorbeerblättern und Pfefferkörnern in einen ungelochten Garbehälter geben und bei 100 °C 60 Minuten dämpfen.

Kartoffeln in einen gelochten Garbehälter geben und 20 Minuten vor Ablauf der Garzeit zum Fleisch geben. Gemüse und Thymian in einen gelochten Garbehälter geben und 6–7 Minuten vor Ende der Garzeit ebenfalls in den Dampfgarer schieben.

Kartoffeln herausnehmen, mit Butterstückchen garnieren und salzen. Fleisch aus dem Sud nehmen und aufschneiden. Auf Tellern anrichten, mit dem Sud beträufeln und mit Gemüse, Kartoffeln und Meerrettich servieren.

111

Hühnchenfilets mit Äpfeln und Paprikagemüse

3 Zweige Thymian

1 EL Weißweinessig

3 EL Quittengelee

4 Hühnerbrustfilets, in mundgerechten Stücken

Salz, frisch gemahlener schwarzer Pfeffer

2 EL Rapsöl

2 säuerliche Äpfel, geschält, entkernt, in Spalten

8 Jungzwiebeln, in mundgerechten Stücken

Für das Gemüse:

2 EL Olivenöl

4 Schalotten

4 Tomaten, in mundgerechten Stücken

1 roter Paprika, in Stücken

1 gelber Paprika, in Stücken

1 Zucchini, in Streifen

Salz, frisch gemahlener schwarzer Pfeffer

1 Handvoll Rucola zum Garnieren

Thymian mit Essig, Quittengelee und wenig Wasser zu einem Sud verkochen. Den Sud in einen ungelochten Garbehälter füllen.

Filets mit Salz und Pfeffer würzen, von allen Seiten kurz im Öl anbraten und in einen gelochten Garbehälter geben. Äpfel und Jungzwiebeln zugeben.

Öl in einer beschichteten Pfanne erhitzen und Schalotten darin andünsten. Das restliche Gemüse kurz mitdünsten und mit Salz und Pfeffer abschmecken. Das Gemüse in einen ungelochten Garbehälter geben.

Alle 3 Garbehälter in den Dampfgarer schieben, wobei der Sud knapp unter dem Hühnchen steht und das Paprikagemüse ganz unten positioniert wird. Bei 95 °C etwa 10–12 Minuten garen. Thymian aus dem Sud entfernen. Alles miteinander vermischen und mit Rucola garniert servieren.

Von Huhn bis Rind: **Die moderne Fleischküche**

Schweinsrückensteaks mit Nudeln und Rotweinbutter

4 Schweinsrückensteaks

Salz, frisch gemahlener weißer Pfeffer

2 EL Rapsöl plus etwas mehr für den Garbehälter

200 g Spaghetti

2 Jungzwiebeln, in Ringen

1 roter Paprika, klein gewürfelt

50 ml Weißwein

150 ml Sahne

100 g Parmesan, gerieben

etwas Zucker

½ Bund Petersilie, gehackt

Für die Rotweinbutter:

2 Schalotten, fein gewürfelt

125 g zimmerwarme Butter

1 TL Zucker

1 TL Ahornsirup

60 ml Sherry

1 Knoblauchzehe, fein gehackt

100 ml Rotwein

1 TL Balsamicoessig

2 Pimentkörner, im Mörser zerkleinert

½ Bund Thymian

Salz, frisch gemahlener schwarzer Pfeffer

Für die Rotweinbutter Schalotten in 1 TL Butter anschwitzen. Zucker und Ahornsirup zufügen und karamellisieren lassen. Mit Sherry ablöschen und etwa 2–3 Minuten einköcheln lassen. Knoblauch, Rotwein, Balsamicoessig und Piment ebenfalls in die Pfanne geben und bei mittlerer Temperatur etwa 2–3 Minuten eindicken lassen. Thymianblätter von den Zweigen zupfen, fein hacken und zur Rotweinreduktion geben, kurz auskühlen lassen. Die restliche Butter mit der Rotweinreduktion vermischen, salzen und pfeffern. In eine Form füllen, in Frischhaltefolie einschlagen und kühl stellen.

Dampfgarer auf 100 °C vorheizen. Steaks salzen und pfeffern und in einen ungelochten, mit Öl ausgepinselten Garbehälter geben.

Für die Spaghetti 1 l Wasser in einen weiteren ungelochten Garbehälter geben, salzen und 1 EL Öl zufügen. Spaghetti einlegen. Beide Behälter in den Dampfgarer geben und bei 100 °C 15 Minuten garen.

Spaghetti herausnehmen. Steaks ein paar Minuten länger im abgedrehten Dampfgarer rasten lassen. In der Zwischenzeit 1 EL Öl in einer beschichteten Pfanne erhitzen, Zwiebeln und Paprika darin anschwitzen. Mit Wein ablöschen, Sahne und Parmesan zugeben und einkochen lassen. Mit Salz, Pfeffer, Zucker und Petersilie abschmecken.

Spaghetti abseihen, in die Pfanne geben und gut mit der Soße vermischen. Steaks auf Spaghetti anrichten und mit Rotweinbutter verfeinert servieren.

Rumpsteaks mit Kartoffeln und grünen Bohnen im Speckmantel

2 Handvoll frische Kräuter
(Petersilie, Thymian, Oregano etc.),
gehackt

2 EL Senf

4 Rumpsteaks

Salz, frisch gemahlener schwarzer
Pfeffer

Olivenöl

Für die Kräuterkartoffeln:

3 EL Olivenöl

Salz, frisch gemahlener schwarzer
Pfeffer

2 Zweige Rosmarin, gerebelt,
gehackt

2 Zweige Thymian, gerebelt, gehackt

einige Blätter Salbei, gehackt

600 g Kartoffeln, der Länge nach
geviertelt

Für die Fisolen:

½ kg grüne Bohnen

8 Scheiben Speck oder Schinken

30 g Butter

Muskat

Salz

Für die Kartoffeln Olivenöl, Salz, Pfeffer und Kräuter in einer kleinen Schüssel vermischen. Kartoffelviertel zugeben, alles durchmengen und mindestens 2 Stunden zugedeckt ziehen lassen.

Grüne Bohnen in einem gelochten Behälter bei 100 °C 10 Minuten garen. Mit kaltem Wasser abspülen. Jeweils 5–7 Bohnen zusammenlegen und mit 1 Scheibe Speck umwickeln. Beiseitelegen.Kartoffeln in einen gelochten Behälter geben und bei 100 °C 28 Minuten garen.

Kräuter für die Steaks gut mit dem Senf verrühren und das Fleisch damit einstreichen. Salzen und pfeffern. Einen ungelochten Behälter mit Olivenöl ausstreichen und das Fleisch einlegen. Behälter zu den Kartoffeln in den Dampfgarer schieben und die letzten 8–10 Minuten mitgaren.

Inzwischen in einem beschichteten Topf die Butter für die grünen Bohnen erhitzen und die Bohnenpäckchen rund 6 Minuten zugedeckt sanft schmoren lassen. Aus dem Topf nehmen, mit der Butter übergießen und mit Muskat und Salz würzen. Rumpsteaks mit Bohnenpäckchen und Kräuterkartoffeln servieren.

Kaninchenfilets mit Rhabarbergemüse und Kartoffelpüree

4 Kaninchenfilets

2 EL Olivenöl

Salz, frisch gemahlener schwarzer Pfeffer

½ Bund Petersilie, gehackt

1 Schalotte, fein gehackt

Schalenabrieb von ½ Bio-Zitrone

100 ml fruchtiger Roséwein

1 Lorbeerblatt

1 EL Ahornsirup

300 g Rhabarber, in mundgerechten Stücken

4 cm Ingwer, frisch gerieben

1 TL Koriander, frisch gehackt

1 EL Butter

Für das Püree:

1 kg Kartoffeln (mehligkochend), geschält, in Stücken

200 ml Milch

20 g Butter

Salz

Muskat

Kartoffeln in einen gelochten Garbehälter geben. Bei 100 °C 10 Minuten garen lassen.

Kaninchenfilets mit Olivenöl einstreichen und mit Salz und Pfeffer würzen. Petersilie, Schalotte und Zitronenabrieb in einem tiefen Teller vermischen, Filets darin wenden. Die „panierten" Filets in einen gelochten Garbehälter legen und den Behälter in den Dampfgarer unter die Kartoffeln stellen.

Wein mit Lorbeer in einen geschlossenen Behälter geben und im Dampfgarer unter den Filets positionieren. Alles gemeinsam bei 85 °C 20–25 Minuten garen. Die Filets im ausgeschalteten Dampfgarer warm halten. Kartoffeln aus dem Dampfgarer nehmen und mit Milch zu einem Püree zerstampfen. Butter unterheben und mit Salz und frisch geriebenem Muskat abschmecken.

Wein aus dem Garbehälter in einen Topf gießen, Ahornsirup einrühren, Rhabarberstücke zugeben. Etwa 4 Minuten garen und herausnehmen, wenn sie bissfest sind.

Ingwer und Koriander in den Weinsud geben und diesen mit wenig Hitze etwas reduzieren. Butter einrühren, aufkochen lassen, dabei gut umrühren. Die Rhabarberstücke wieder einlegen und mit Salz und Pfeffer abschmecken. Kaninchenfilets mit Rhabarbergemüse und Püree servieren.

118

Marinierte Rinderfilets auf Papaya mit Jasminreis

1 Papaya, entkernt

700 g Rinderfilet

etwas Butter

1 rote Chilischote, entkernt, in feinen
Streifen

Für die Marinade:

2 Knoblauchzehen, zerdrückt

2 TL Honig

5 cm Ingwer, frisch gerieben

10 EL Sojasoße

2 EL Beerenessig

2 EL Butter

Für den Reis:

2 Tassen Jasminreis

2 Tassen Gemüsebrühe

3 EL Trockenfrüchtemischung
(Papaya, Mango, Aprikosen etc.),
ev. zerkleinert

1 EL Butter

Salz

Alle Zutaten für die Marinade mit einem Schnee-besen gut verrühren. $\frac{1}{8}$ der Papaya mit einer Gabel zerdrücken und gut mit der Marinade vermischen. Das Fleisch einlegen und mindestens 1 Stunde marinieren.

In der Zwischenzeit den Jasminreis waschen und mit der Gemüsebrühe in einen ungelochten Behälter geben. Trockenfrüchte untermischen. Bei 100 °C etwa 20 Minuten garen. Butter einrühren und mit Salz abschmecken. Reis beiseitestellen.

Fleisch aus der Marinade nehmen, Marinade beiseite-stellen. Fleisch abtropfen lassen. Butter in einer Pfanne erhitzen und Fleisch darin rundherum ca. 5 Minuten anbraten. Aus der Pfanne nehmen und in einen unge-lochten Garbehälter legen. Etwas salzen und bei 80 °C ca. 30 Minuten fertig garen.

Die restliche Papaya in feine Spalten schneiden und mit der Chilischote in einen gelochten Behälter geben. Reis und Papaya die letzten 5 Minuten zum Fleisch in den Dampfgarer schieben.

Den ausgetretenen Fleischsaft zur Marinade geben, kurz im Topf erwärmen und abschmecken. Das Filet in Schei-ben schneiden, mit dem Saft beträufeln und mit Papaya und Reis servieren.

119

Lammrücken mit Petersilienwurzelpüree und Fenchelgemüse

2 ausgelöste Lammrücken à 300 g

1 Schweinenetz (vom Fleischhauer)

2 EL Olivenöl

Für das Püree:

½ kg Petersilienwurzeln, geschält, in kleinen Stücken

100 ml Milch

50 ml Sahne

Salz

2 Bund Petersilie, gehackt

1 EL Butter

frisch gemahlener schwarzer Pfeffer

Für das Fenchelgemüse:

4 Fenchelknollen

2 EL Gojibeeren

Saft von 1 Zitrone

Saft von 1 Orange

1 EL Dijonsenf

2 EL Olivenöl

Salz, frisch gemahlener schwarzer Pfeffer

1 Karotte, gehobelt

100 g Stangensellerie, gehobelt

1 Apfel, gehobelt

Petersilienwurzeln mit Milch und Sahne in einen ungelochten Garbehälter geben, etwas salzen und bei 100 °C 10 Minuten garen.

Lammrücken in das Schweinenetz einrollen und in einer beschichteten Pfanne im Olivenöl kurz anbraten. Einen gelochten Garbehälter mit dem Bratenfett ausfetten und das Fleisch zu den Petersilienwurzeln in den Dampfgarer stellen. Die Temperatur auf 90 °C reduzieren und alles gemeinsam noch 14 Minuten garen. In der Zwischenzeit Backofen auf 50 °C vorheizen. Fleisch aus dem Dampfgarer nehmen und im Backofen bis zum Servieren – etwa 10 Minuten – ruhen lassen.

Fenchelknollen halbieren und den Strunk entfernen. Dann die Fenchelhälften in einen gelochten Garbehälter geben und bei 100 °C 8 Minuten dämpfen. Gojibeeren in ein Einweckglas geben, mit 50 ml warmem Wasser übergießen, 10 Minuten ziehen und dann auskühlen lassen.

Einstweilen die Petersilienwurzeln mit Petersilie und etwas Butter mit einem Stabmixer pürieren. Mit Salz und Pfeffer abschmecken.

Zitronen- und Orangensaft, Senf, Öl, Salz und Pfeffer zu den Gojibeeren geben. Das Glas verschließen und die Marinade kräftig schütteln. Dann Karotte, Sellerie und Apfel in das Glas geben und nochmals kurz schütteln. Fenchel auf 4 Salattellern anrichten und die Marinade darüber verteilen. Lammfleisch in 8 gleich große Stücke schneiden und mit Püree und Fenchelgemüse servieren.

Von Huhn bis Rind: **Die moderne Fleischküche**

Entenbrust in Ingwersoße mit Spinat und Jungzwiebeln

4 Entenbrustfilets à 120 g

1 TL schwarze Pfefferkörner

40 g frischer Ingwer, gerieben

Saft und Kerne von 1 Granatapfel

3 EL Sojasoße

8 Jungzwiebeln

etwas Rapsöl für die Pfanne

400 g Blattspinat

400 ml Enten- oder Geflügelfond

1 EL Speisestärke

Salz, frisch gemahlener schwarzer Pfeffer

Filets waschen, trocken tupfen. Die eventuell vorhandene Haut mit einem scharfen Messer mehrmals schräg einschneiden. Pfeffer in einem Mörser grob zerstoßen.

Pfeffer, Ingwer, Granatapfelsaft und Sojasoße verrühren. Marinade in eine große flache Schüssel gießen und Filets mit der Hautseite nach oben einlegen. Zugedeckt mindestens 1 Stunde marinieren. Jungzwiebeln 8 Minuten bei 90 °C im gelochten Garbehälter garen.

Fleisch aus der Marinade nehmen, abtupfen und in einer beschichteten Pfanne rundum kurz in Öl anbraten. In Frischhaltefolie wickeln und im gelochten Garbehälter bei 90 °C rund 7 Minuten garen. Spinat in einem gelochten Garbehälter 4 Minuten bei 100 °C dämpfen.

Entenmarinade und Fond (bis auf 2 EL) in die Pfanne gießen, aufkochen und etwa 5 Minuten bei kleiner Hitze kochen lassen. Dann durch ein Sieb gießen und nochmals aufkochen lassen. Stärke und restliche 2 EL Fond glatt rühren, unter Rühren in die Soße gießen und nochmals kurz aufkochen. Soße mit Salz und Pfeffer abschmecken. Entenbrust in Scheiben schneiden und mit Spinat, Ingwersoße, Granatapfelkernen und Jungzwiebeln anrichten.

123

Saltimbocca alla romana mit Polenta

4 möglichst dünne Kalbsschnitzel

12 frische Salbeiblätter

Salz, frisch gemahlener schwarzer Pfeffer

8 Scheiben luftgetrockneter Schinken (Parma, Serrano o. Ä.)

2 EL Butter

30 ml Weißwein

Für die Polenta:

700 ml Gemüsebrühe

150 g grober Maisgrieß

2 EL Majoran, frisch gehackt

2 EL Petersilie, frisch gehackt

2 EL Butter

100 g Parmesan, frisch gerieben

frisch gemahlener schwarzer Pfeffer

Gemüsebrühe für die Polenta in einen ungelochten Behälter geben und bei 100 °C 5 Minuten erhitzen. Herausnehmen und Grieß unter Rühren langsam einstreuen. 3 Minuten ruhen lassen, nochmals rühren. Beiseitestellen.

Schnitzel flach auflegen, jeweils mit 3 Salbeiblättern belegen, mit Salz und Pfeffer würzen. Straff aufrollen und mit jeweils 2 Scheiben Schinken umwickeln. Die Röllchen mit der Verschlussseite nach unten in einen ungelochten Garbehälter geben. 1 EL Butter darüber verteilen. Grieß und Fleisch bei 100 °C 10 Minuten im Dampfgarer garen.

Dann Grieß herausnehmen, Saltimbocca mit Wein aufgießen und weitere 20 Minuten garen.

Kräuter, Butter und Parmesan kräftig unter die Polenta mischen. Die Polenta auf ein mit Backpapier ausgelegtes Blech etwa 3 cm dick streichen, mit einem Geschirrtuch zudecken und etwa 5 Minuten ruhen lassen. Mit Pfeffer abschmecken.

Saltimbocca aus dem Dampfgarer nehmen. Den Saft auffangen und mit etwas Butter in einem Topf kurz binden. Die Polenta in kleine Rauten schneiden. Saltimbocca auf die Teller geben, mit etwas Saft übergießen und mit den Polenta-Rauten servieren.

125

Reisfleisch

1 EL Rapsöl

250 g Putenbrust, in Würfeln

1 Zwiebel, fein gewürfelt

1 roter Paprika, gewürfelt

50 g edelsüßes Paprikapulver

2 Knoblauchzehen, gehackt

Salz, frisch gemahlener schwarzer Pfeffer

100 ml Rindsuppe

250 g Langkornreis

500 ml Gemüsebrühe

4 EL Parmesan, frisch gerieben

Öl in einer beschichteten Pfanne erhitzen, Putenbrust darin scharf anbraten. Fleisch aus der Pfanne nehmen. Eventuell noch etwas Öl in die Pfanne geben, Zwiebel und Paprikawürfel kurz darin andünsten.

Mit Paprikapulver bestreuen, Knoblauch zugeben, mit Salz und Pfeffer würzen und mit Rindsuppe aufgießen. Kurz köcheln lassen und dann gemeinsam mit dem Fleisch in einen ungelochten Garbehälter geben.

Reis mit der Gemüsebrühe ebenfalls in einen ungelochten Garbehälter geben. Beide Behälter bei 100 °C für 25 Minuten in den Dampfgarer stellen. Alles vermischen, mit Salz und Pfeffer abschmecken und mit Parmesan bestreut servieren.

Rinderrouladen mit Kürbispüree

Für die Rinderrouladen:

4 Rinderschnitzel oder Rostbraten

Salz, frisch gemahlener schwarzer Pfeffer

1 TL Senf

1 TL Sardellenpaste

100 g Speck, fein gewürfelt

1 Zwiebel, fein geschnitten

½ TL Kapern, fein gehackt

4 Essiggurken, in dünnen Stiften

2 Karotten, in dünnen Stiften

1 Ei

2 EL Petersilie, gehackt

1 EL Paniermehl (Semmelbrösel)

400 ml Rindsuppe

Für das Püree:

250 g Kartoffeln, geschält, gewürfelt

250 g Hokkaidokürbisfleisch, gewürfelt

50 ml Gemüsebrühe

50 ml Sahne

Salz, frisch gemahlener schwarzer Pfeffer

Muskat

25 g Butter

Schnitzel für die Rouladen dünn ausklopfen, mit Salz und Pfeffer würzen. Auf einer Seite mit Senf und Sardellenpaste bestreichen.

Speck in einer beschichteten Pfanne leicht anbraten lassen, Zwiebel darin glasig andünsten. Kapern, Essiggurken, Karotten, Ei, Petersilie und Paniermehl untermengen und einige Minuten bei geringer Hitze ziehen lassen. Die Füllung gleichmäßig auf der mit Senf und Sardellenpaste bestrichenen Seite der Schnitzel verteilen, die Rouladen einrollen. Mit Küchengarn oder Zahnstochern fixieren. Die Rouladen in einen gelochten Behälter geben. Rindsuppe in einen ungelochten Behälter füllen.

Kartoffeln und Kürbis für das Püree in einen ungelochten Behälter geben. Mit Gemüsebrühe und Sahne übergießen. Bei 100 °C 30 Minuten garen.

Nach 5 Minuten Rouladen und Rindsuppe ebenfalls in den Dampfgarer schieben – die Suppe dabei ganz unten platzieren.

Kürbis und Kartoffeln nach der Garzeit in eine Schüssel geben und mit dem Kartoffelstampfer zu einem Püree zerdrücken. Mit Salz, Pfeffer und Muskat abschmecken, Butter unterrühren. Rouladen schräg aufschneiden und mit Püree servieren.

128

Von Huhn bis Rind: **Die moderne Fleischküche**

Auf Vorrat:
Marmeladen, Chutneys & Mus

Zwetschgenröster

½ kg Zwetschgen, entsteint, geviertelt

100 g Zucker

50 ml Rotwein

1 EL Rotweinessig

1 TL Zimt

Zwetschgen mit der Schale nach oben in einen ungelochten Garbehälter geben. Die übrigen Zutaten darauf verteilen. Bei 90 °C etwa 15 Minuten garen lassen. Danach nochmals gut durchrühren und abschmecken.

Entweder gleich warm genießen oder in Schraubgläsern bis zu 3 Wochen im Kühlschrank aufheben.

Vanillequitten

4 Quitten, geschält, entkernt, in Spalten

100 g Zucker

100 ml Birnensaft

Mark von 1 Vanilleschote

1 Stück Zimtrinde

2 Gewürznelken

100 ml Weißwein

4 Kugeln Vanilleeis

Quitten, Zucker, Saft und Gewürze in einen ungelochten Behälter geben und bei 100 °C 28 Minuten garen. Dann Saft in einen Topf gießen, mit Wein vermischen und köcheln lassen, bis ein Sirup entsteht.

Quitten auf 4 kleine Schüsseln verteilen, jeweils eine Kugel Vanilleeis darübergeben und mit dem Sirup beträufeln.

Marmelade-Grundrezept

400 g Obst

130 g Gelierzucker, 3 : 1

1 TL Zitronensaft

Gläser und Deckel auswaschen, abtrocknen und bei 100 °C 10 Minuten im Dampfgarer sterilisieren. Alle Zutaten in einem ungelochten Garbehälter mischen, eventuell mit einem Kartoffelstampfer leicht quetschen. Bei 100 °C 20–30 Minuten (je nach Obst) garen. Herausnehmen, wenn gewünscht mit dem Stabmixer pürieren und alles in die Gläser füllen. Gläser kopfüber und nahe beieinanderstehend auskühlen lassen.

➥ *Im Dampfgarer kann man jede Marmelade herstellen. Das geht denkbar einfach und gelingt eigentlich immer.*

Apfel-Trauben-Grüntee-Marmelade

½ kg Äpfel, entkernt, klein geschnitten

1 Handvoll kernlose Trauben

100 ml Grüntee, stark aufgebrüht

Saft von 1 Limette

180 g Gelierzucker, 3 : 1

Äpfel, Trauben und Grüntee mit einem Stabmixer grob pürieren. Limettenensaft und Gelierzucker untermengen. Mischung in sterilisierte Einweckgläser füllen und diese gut verschließen. Die Gläser bei 100 °C 50 Minuten garen. Dann möglichst eng aneinander und auf dem Kopf stehend langsam auskühlen lassen.

➥ *Die Garzeit variiert je nach Größe der Gläser: Bei kleinen, etwa 100 ml fassenden Gläsern reichen oft auch schon 30 Minuten.*

Auf Vorrat: **Marmeladen, Chutneys und Mus**

Beschwipste Birnen

1 Flasche Rotwein à 750 ml

700 g Zucker

1 TL Zimt

2 Stangen Vanille, aufgeschlitzt

6 Gewürznelken

1 kg feste Birnen, geschält, halbiert, entkernt

1 kleines Glas Birnenschnaps

Rotwein mit Zucker und Gewürzen in einen ungelochten Behälter füllen und 10 Minuten bei 100 °C garen. Gut umrühren. Birnenstücke zugeben und nochmals ca. 10 Minuten bei 100 °C weich kochen. Die Früchte herausnehmen und in saubere Gläser schichten. Den Rotweinsirup mit Birnenschnaps mischen und auf die Gläser verteilen, sodass die Birnen gut bedeckt sind. Gläser luftdicht verschließen und 4 Wochen kühl ziehen lassen.

137

Mango-Aprikosen-Chutney

1 Mango, geschält, entsteint, in Stücken

250 g reife Aprikosen, entsteint, in Stücken

125 g Zwiebeln, in Ringen

70 ml Mangosaft

70 ml Weißweinessig

125 g Gelierzucker, 3 : 1

Salz, rote Pfefferkörner

etwas Zimt

Mango, Aprikosen, Zwiebeln, Mangosaft und Essig in einen ungelochten Behälter geben, mit dem Kartoffelstampfer leicht zerquetschen. Gelierzucker zufügen, vermengen und alles bei 100 °C 40 Minuten garen. Mit Salz, Pfeffer und Zimt abschmecken.

In sterilisierte Gläser füllen, diese gut verschließen. Bei 100 °C für 10 Minuten in den Dampfgarer stellen, dann kopfüber und eng aneinanderstehend auskühlen lassen. Kühl aufbewahren.

Kürbis-Chutney

1 kg Kürbisfleisch, in kleinen Stücken

200 ml Apfelsaft

2 große Zwiebeln, in Streifen

1 Stück Ingwer (je nach Geschmack), in kleinen Stücken

1 Zimtstange

2 TL Senfkörner

4 Gewürznelken

2 Lorbeerblätter

Salz, frisch gemahlener schwarzer Pfeffer

2 Äpfel, in kleinen Stücken

etwas Essig

etwas Zucker

Kürbis mit Apfelsaft, Zwiebeln, Ingwer, Zimt, Senfkörnern, Gewürznelken, Lorbeer und etwas Salz und Pfeffer in einen ungelochten Behälter geben und 30 Minuten bei 100 °C garen lassen. 5 Minuten vor Ablauf der Garzeit die Gewürze so weit wie möglich wieder entfernen. Apfelstücke zum Kürbis geben, mit Essig, Salz, Pfeffer und Zucker abschmecken.

Das Chutney in sterilisierte Gläser füllen. Gläser verschließen und im Dampfgarer bei 100 °C nochmals 15 Minuten ziehen lassen.

Auf Vorrat: **Marmeladen, Chutneys und Mus**

Apfelsaft

1,5 kg Äpfel, in Stücken (mit Kernen)

etwas Zucker

½ Zimtstange

1 Prise Salz

Saft von ½ Zitrone

Apfelstücke in einen ungelochten Behälter geben. Behälter mit Wasser auffüllen, bis die Äpfel bedeckt sind. Gewürze und Zitronensaft zugeben. Bei 100 °C 20 Minuten dämpfen. Äpfel herausnehmen, mit dem Kartoffelstampfer möglichst zerquetschen und weitere 10 Minuten dämpfen. Die Apfelmasse durch ein dünnes Sieb gießen und gut „ausdrücken".

Den Saft in sterile Bügelflaschen füllen, verschließen und weitere 15 Minuten dämpfen. Flaschen herausnehmen und mit kaltem Wasser abschrecken. Kühl gelagert hält dieser Saft ein paar Monate.

➤ Das ist nur ein Grundrezept. Ich mache eigentlich aus nahezu jedem „Obst mit Gewürzen" Saft. Ein All-Time-Favorit in unserem Haus ist zum Beispiel Ingwer-Kurkuma-Saft mit Zitrone. Probieren Sie einfach die verschiedensten Kombinationen – selbst gemachte Säfte schmecken nicht nur sehr gut, man weiß auch, „was drinnen ist".

Apfelmus

2 Vanilleschoten

150 ml Wasser oder Apfelsaft

2 Zimtstangen

2–4 EL Zucker

1 Prise Salz

2 kg Äpfel, entkernt, geschält, in

Stücken

Vanilleschoten der Länge nach aufschlitzen, Mark mit einem Messer herausschaben. Wasser, aufgeschlitzte Vanilleschoten, Vanillemark, Zimtstangen, Zucker und Salz in einem Topf kurz aufkochen lassen und gut umrühren. Beiseitestellen und ziehen lassen.

Apfelstücke im Dampfgarer bei 100 °C 10–12 Minuten weich dünsten. Aus dem Dampfgarer nehmen und kurz abkühlen lassen. Vanilleschoten und Zimtstange aus dem Wasser nehmen. Apfelstücke mit dem Stabmixer fein pürieren, dann nach und nach das aromatisierte Wasser zugeben – achten Sie darauf, dass das Mus nicht zu flüssig wird (je nach Apfelsorte bleibt manchmal auch etwas Wasser übrig).

➺ *Ich bereite das „Gewürzwasser" manchmal schon ein paar Stunden vorher zu. So kann es wie Tee ziehen und macht das Mus dann noch intensiver.*

Dieses Apfelmus kann man gleich essen – oder man füllt es in Gläser um und macht es im Dampfgarer haltbar. Die Gläser müssen dafür absolut sauber sein, am besten kurz vor Verwendung nochmals im Dampfgarer bei 100 °C sterilisieren. Das Apfelmus noch heiß in die Gläser füllen, in den Dampfgarer stellen und bei 90 °C etwa 40 Minuten einkochen. Sollten Sie größere Gläser verwenden, dauert es länger: 50 Minuten bei ½-Liter-Gläsern und rund 65 Minuten bei 1-Liter-Gläsern. Die Gläser werden luftdicht verschlossen und an einem trockenen, kühlen und dunklen Ort aufbewahrt.

141

Einfach genießen:
Die süße Dampfküche

Quarksoufflé

140 g Quark

2 Eier, getrennt

Schalenabrieb von ½ Bio-Zitrone

80 g Puderzucker

Salz

etwas Butter

1 Pck. Vanillezucker

Quark mit Eigelben und Zitronenabrieb gut verrühren. Eiweiße mit Zucker und 1 Prise Salz zu festem Schnee schlagen und vorsichtig unter die Quarkmasse heben.

4 Souffléförmchen mit etwas Butter bestreichen und mit etwas Vanillezucker bestreuen. Die Quarkmasse auf die Formen verteilen. Mit einer hitzebeständigen Folie abdecken und bei 90 °C für etwa 20 Minuten in den Dampfgarer stellen – die Dauer des Vorganges hängt von der Größe der Förmchen ab, da muss man austesten.

144

➤ *Mit der abgeriebenen Schale von 2 Bio-Limetten wird daraus ganz einfach ein Limettensoufflé.*

Sauerrahmsoufflé

200 g saure Sahne

3 Eier, getrennt

20 g Zucker

10 g Maisstärke

Schalenabrieb von 1 Bio-Zitrone

10 ml Orangenlikör

Butter und Zucker für die Form

Salz

40 g Puderzucker

Vanilleeis zum Garnieren

Saure Sahne mit Eigelben, Zucker, Maisstärke, Zitronenabrieb und Orangenlikör gut verrühren und für mindestens 1 Stunde im Kühlschrank rasten lassen. Eiweiße mit 1 Prise Salz und Zucker steif schlagen und unter die gekühlte Masse heben.

Die Masse in gebutterte und mit Zucker bestreute Souffléformen geben und mit hitzebeständiger Folie abdecken. Bei 90 °C etwa 30 Minuten garen. Dann die Soufflés auf Dessertteller stürzen und mit Vanilleeis servieren.

Topfennockerln auf Himbeerspiegel

Für die Nockerln:

250 g Quark

1 Ei

2 EL Mehl

3 EL Grieß

1 Prise Salz

Für die Brösel:

5 EL Paniermehl

1 EL Zucker

70 g Butter

Für den Himbeerspiegel:

½ kg Himbeeren

etwas Zucker

Alle Zutaten für die Nockerln zu einem Teig verarbeiten. 10 Minuten rasten lassen. Mit feuchten Händen Nockerln formen und diese auf ein gelochtes Blech setzen. Bei 100 °C 10 Minuten in den Dampfgarer geben.

Einstweilen die Himbeeren mit dem Stabmixer pürieren, eventuell mit etwas Zucker süßen.

Paniermehl für die Brösel mit Zucker vermischen. Dann die Butter in einer beschichteten Pfanne zerlassen und die Paniermehl-Zucker-Mischung darin leicht anrösten.

Die Nockerln in der Mischung wälzen und auf dem Beerenspiegel servieren.

145

➵ Zu den Topfennockerln passt auch sehr gut eine Erdbeersoße (siehe Seite 146) oder ein klassisches Apfelmus (siehe Seite 141).

Topfenknödel mit Erdbeersoße

250 g Quark

80 g Grieß

130 g zimmerwarme Butter

2 Eier

2 EL Kristallzucker

1 Pck. Vanillezucker

Für die Brösel:

5 EL Paniermehl

1 EL Zucker

70 g Butter

Für die Soße:

250 g Erdbeeren

Puderzucker nach Bedarf

100 ml saure Sahne

etwas Zitronensaft

Alle Zutaten für die Knödel verrühren und für mindestens 30 Minuten in den Kühlschrank stellen. Mit feuchten Händen kleine Knödel formen und diese in einen mit Backpapier ausgelegten gelochten Behälter geben. Bei 95 °C 15 Minuten dämpfen.

Paniermehl für die Brösel mit Zucker vermischen. Dann die Butter in einer beschichteten Pfanne zerlassen und die Paniermehl-Zucker-Mischung darin leicht anrösten.

Alle Zutaten für die Soße mixen und eventuell durch ein Sieb streichen. Knödel mit der Soße servieren.

Einfach genießen: **Die süße Dampfküche**

Germknödel

15 g Hefe

125 ml lauwarme Milch

250 g griffiges Mehl

30 g Butter

120 g Puderzucker

1 Pck. Vanillezucker

Salz

Schalenabrieb von 1 Bio-Zitrone

2 Eigelb

80 g Powidl

2 EL Rum

90 g Butter

90 g geriebener Mohn

Hefe in der lauwarmen Milch auflösen, mit 2 EL Mehl zu einem Vorteig (Dampfl) verrühren. Vorteig mit wenig Mehl bestreuen und an einem warmen Ort ca. 30 Minuten gehen lassen.

Butter mit 30 g Puderzucker und Vanillezucker, 1 Prise Salz und Zitronenabrieb schaumig rühren. Eigelbe einrühren. Mit dem Vorteig und dem übrigen Mehl zu einem glatten Teig abschlagen. Den Teig vierteln, zu Kugeln formen und zugedeckt mindestens 30 Minuten gehen lassen.

Powidl für die Füllung mit Rum verrühren. Die Teigkugeln gut durchkneten, flach drücken, mit je 1 Portion Powidl füllen und glatte Knödel formen. Eine gelochte Schale mit Backpapier auslegen, die Knödel mit ausreichend Platz dazwischen einlegen. Nochmals im Dampfgarer 15 Minuten gehen lassen und dann bei 100 °C 15 Minuten dämpfen. Butter in einem kleinen Behälter für 1 Minute ebenfalls bei 100 °C in den Dampfgarer stellen.

Mohn mit dem restlichen Puderzucker mischen. Die Knödel anrichten, mit einer Gabel anstechen, mit heißer Butter übergießen und mit der Mohn-Zucker-Mischung bestreut servieren.

149

Buchteln mit Vanillesoße

½ kg Mehl

1 Pck. Trockenhefe

1 Prise Salz

Schalenabrieb von 1 Bio-Zitrone

60 g Zucker

1 Pck. Vanillezucker

250 ml lauwarme Milch

50 g weiche Butter

3 Eier

12 TL Aprikosen- oder
Marillenmarmelade

etwas Butter für das Backpapier

Für die Vanillesoße:

750 ml Milch

3 EL Zucker

1 Pck. Vanillepuddingpulver

Alle Zutaten für die Buchteln zu einem geschmeidigen Teig verrühren. Zugedeckt mindestens 30 Minuten gehen lassen. Dann den Hefeteig durchkneten und an einem warmen Ort (oder im Dampfgarer bei 20 °C) nochmals 30 Minuten gehen lassen.

Aus dem Teig 12 gleich große Kugeln formen. Mit jeweils 1 TL Marmelade füllen und Teig darüberklappen.

Einen gelochten Behälter mit Backpapier auslegen und das Papier mit etwas Butter einfetten. Die Buchteln eng aneinander und mit der zusammengeklappten Seite nach unten in die Form geben. Form in den Dampfgarer geben, Buchteln nochmals 10 Minuten ruhen lassen und dann bei 95 °C rund 40 Minuten garen.

Für die Vanillesoße Milch, Zucker und Puddingpulver in einen Topf geben und unter ständigem Rühren erhitzen. Die Buchteln mit der Vanillesoße servieren.

Einfach genießen: **Die süße Dampfküche**

Bayrische Dampfnudeln

250 g Weizenmehl
¼ Würfel Hefe
180 ml Milch
40 g Zucker
50 g Butter
2 Eigelb

Mehl in eine Schüssel sieben. In die Mitte eine Mulde drücken und die Hefe einbröseln. Die Milch lauwarm erhitzen, 2 EL davon mit 1 EL Zucker und der Hefe in der Mulde zu einem Vorteig verrühren. Die Schüssel abdecken und 10 Minuten an einem warmen Ort stehen lassen. In der restlichen lauwarmen Milch einstweilen die Butter schmelzen.

Eigelbe, Zucker und die Milch-Butter-Mischung dem Mehlteig zufügen und zu einem homogenen Teig verkneten. Abgedeckt weitere 35 Minuten gehen lassen.

Nach dem Gehen den Hefeteig auf einer bemehlten Arbeitsfläche nochmals durchkneten und anschließend zu 8 gleich großen Kugeln formen. Die Kugeln mit einem Geschirrtuch abdecken und weitere 20 Minuten gehen lassen.

Die Dampfnudeln in ungelochten Garbehältern verteilen und für ca. 35 Minuten bei 95 °C garen.

↠ Bayrische Dampfnudeln isst man klassisch mit Vanillesoße, ich allerdings serviere sie oft auch – die Bayern mögen mir verzeihen – mit Apfel- oder einem fruchtigen Beerenmus.

152

Wachauer Marillenknödel

600 g Kartoffeln (mehligkochend), geschält, in Stücken

80 g Hartweizengrieß

1 Eigelb

1 TL Vanillezucker

Schalenabrieb von ½ Bio-Zitrone

1 EL flüssige Butter

100 g griffiges Mehl

Salz

8 Aprikosen oder Marillen

8 Stück Würfelzucker

125 g Butter

etwas Paniermehl

Puderzucker zum Bestreuen

Kartoffeln in einen gelochten Behälter geben und 25 Minuten bei 100 °C weich kochen. Die noch heißen Kartoffeln durch eine Kartoffelpresse drücken. Grieß vorsichtig mit den Kartoffeln mischen und auskühlen lassen.

Anschließend Eigelb, Vanillezucker, Zitronenabrieb, flüssige Butter, Mehl und etwas Salz beifügen. Rasch zu einem glatten Teig verarbeiten, nicht zu stark kneten, sonst kleistert das Mehl.

Kerne mit einem Kochlöffelstiel aus den Aprikosen drücken. 1 Stück Würfelzucker in jede Aprikose stecken.

Den Teig zu einer Rolle formen und in 8 gleich große Stücke teilen. Mit bemehlten Händen flache Scheiben formen, 1 Aprikose auf jedes Teigstück geben, Teig um die Aprikosen dünn einschlagen.

Einen gelochten Behälter mit Backpapier auslegen, die Knödel mit genügend Abstand einlegen und bei 100 °C rund 15 Minuten garen. Einstweilen aus Butter und Paniermehl in einer beschichteten Pfanne Butterbrösel herstellen. Die fertigen Knödel vorsichtig darin wälzen und mit Puderzucker bestreut servieren.

153

Spanischer Flan –
Flan de huevo

130 g Zucker

330 ml Milch

1 Vanilleschote

4 Eier

Die Hälfte des Zuckers in einer kleinen Pfanne schmelzen und karamellisieren lassen. In feuerfeste Förmchen gießen und erkalten lassen.

Vanilleschote aufschlitzen und in der Milch zum Kochen bringen. Von der Hitze nehmen. Zucker und Eier mit einem Schneebesen verrühren. Nach und nach und unter ständigem Rühren die warme (nicht kochende) Milch dazugießen. Die Creme vorsichtig auf dem Karamell verteilen.

Die Formen in einen gelochten Garbehälter stellen und mit einer hitzebeständigen Folie abdecken. Bei 90 °C 35 Minuten garen lassen. Dann aus dem Dampfgarer nehmen (die Masse sollte fest, aber „wackelig" sein) und abkühlen lassen. Mindestens 4 Stunden (am besten über Nacht) im Kühlschrank vollständig erkalten lassen.

Vor dem Anrichten den Rand der Förmchen mit einem spitzen Messer umfahren und die Creme vorsichtig auf einen Teller stürzen.

➥ Ich mische manchmal auch Instant-Kaffeepulver und ein bisschen Kondensmilch in den Flan. So wird er quasi zum „Espresso-Flan" – und schmeckt auch ganz wunderbar.

Mohnnudeln auf Wiener Art

½ kg Kartoffeln (mehligkochend), geschält, in Stücken

120 g griffiges Mehl plus etwas mehr zum Bestäuben

90 g Butter

2 Eigelb

50 g Puderzucker

100 g geriebener Mohn

Kartoffeln in einen gelochten Behälter geben und 25 Minuten bei 100 °C weich kochen. Die noch heißen Kartoffeln durch eine Kartoffelpresse drücken und auskühlen lassen. Mit Mehl, 40 g Butter und Eigelben vermischen und zu einem glatten Teig kneten.

Den Teig mit griffigem Mehl bestäuben, zu 2 cm dicken Stangen rollen und in kleine Stücke schneiden. Teigstücke mit der flachen Hand zu runden Nudeln rollen, die an den Enden schmäler werden.

Nudeln in die gelochten Behälter geben und bei 100 °C 10 Minuten garen. Dann die restliche Butter in einer kleinen Schüssel ebenfalls in den Dampfgarer schieben. Nudeln und Butter weitere 5 Minuten bei 100 °C garen lassen.

Puderzucker einstweilen mit Mohn vermischen. Nudeln in der zerlassenen Butter schwenken und mit der Zucker-Mohn-Mischung bestreuen. Dazu passt klassischer Zwetschgenröster sehr gut (siehe Seite 133).

155

Gefüllte Äpfel mit Vanillesoße

100 g Mandeln

100 g Datteln, entkernt

etwas Amaretto (oder Apfelsaft)

1 TL Backkakao

4 Äpfel, halbiert, entkernt

Für die Vanillesoße:

500 ml Milch

100 g Zucker

1 Pck. Vanillezucker

1–2 Vanilleschoten

4 Eigelb

Mandeln, Datteln und etwas Amaretto mit dem Stabmixer pürieren. Mit Kakao abschmecken. Die Masse in die Apfelhälften füllen.

Einen gelochten Garbehälter mit Backpapier auslegen, die gefüllten Äpfel einlegen und bei 100 °C etwa 15 Minuten garen.

Einstweilen die Soße zubereiten: 300 ml Milch mit Zucker, Vanillezucker und aufgeschlitzten Vanilleschoten erhitzen. Eigelbe mit der restlichen Milch mischen und in die warme Milch einrühren. Langsam erhitzen, bis eine dickflüssige Soße entsteht. Dann von der Hitze nehmen und noch 2 Minuten weiterrühren, bis die Soße etwas abgekühlt ist. Gefüllte Äpfel mit Vanillesoße servieren.

Apfelkompott

1 kg Äpfel, entkernt, in Stücken

etwa 300 ml Wasser

1 Zimtstange

4 Gewürznelken

4 TL Zucker

Prise Zimt

Alle Zutaten außer Zucker und gemahlenem Zimt in einen ungelochten Garbehälter geben – die Äpfel sollten knapp mit Wasser bedeckt sein. Bei 98 °C 35 Minuten garen. Kompott mit Zucker und Zimt abschmecken.

➻ *Dieses Rezept ist das Grundrezept für klassische Kompotte. Ich mache auch gerne Birnen-, Rhabarber- oder Pfirsichkompott. Und das klappt mit dem Dampfgarer ganz wunderbar. Es gibt zwar etliche Garzeittabellen, ich halte es allerdings eher einfach: Je weicher das Obst, desto kürzer die Garzeit.*

Heiße Liebe

½ kg Himbeeren (frisch oder TK)

5 EL Himbeersirup

4 EL Puderzucker

1 l Vanilleeis

einige Schokostreusel

Ein paar Himbeeren beiseitelegen. Die restlichen Himbeeren mit 4 EL Sirup in einen ungelochten Garbehälter geben und bei 100 °C 4 Minuten garen lassen (tiefgekühlte Himbeeren brauchen etwa 7 Minuten). Herausnehmen und mit dem Stabmixer pürieren. Mit Puderzucker und dem restlichen Sirup abschmecken.

Den Großteil der Himbeersoße auf 4 Dessertgläser verteilen. Jeweils 2 Eiskugeln daraufsetzen. Mit dem restlichen Himbeersirup beträufeln und mit Schokostreuseln und Himbeeren garnieren.

Schokoladedessert

100 g Schokolade

½ l Milch

50 g Zucker

20 g Backkakao

5 Eigelb

2 Eiweiß

Salz

1 Handvoll Himbeeren

Schokolade, Milch, Zucker und Kakao in einem Topf erwärmen. Auskühlen lassen. Wenn die Masse vollständig abgekühlt ist, Eigelbe unterrühren. Die Masse auf 4–6 Einweckgläser verteilen. Die Gläser in einen gelochten Behälter stellen und bei 90 °C 15 Minuten garen. Über Nacht geschlossen im Kühlschrank aufbewahren.

Die Eiweiße mit etwas Salz zu steifem Schnee schlagen. Je 1 Klecks Eischnee auf den Schokodesserts verteilen und mit ein paar Himbeeren dekorieren.

Einfach genießen: **Die süße Dampfküche**

Schweizer Schoggicreme

220 g Schweizer Schokolade,
in kleine Stücke gebrochen

250 ml Milch

250 ml Sahne

40 g Zucker

2 Eier

Schokoladestücke in einen ungelochten Garbehälter geben. Die restlichen Zutaten kurz mit dem Stabmixer verquirlen und zur Schokolade gießen. Behälter mit Frischhaltefolie abdecken und für 30 Minuten bei 100 °C im Dampfgarer garen.

Dann die Schokoladecreme mit dem Stabmixer durchmixen. Behälter wieder mit Folie abdecken und kühl stellen. Gekühlte Schoggicreme auf Portionsgläser aufteilen und servieren.

➛ *Traditionell wird die Schoggicreme mit geschlagener Sahne serviert. Ich gebe aber gerne auch einige Beeren dazu und brösle ein oder zwei Kekse darüber.*

Milchreis mit Apfel und Zimt

200 g Risottoreis

100 ml Sahne

350 ml Milch

25 g Butter

Schalenabrieb von ¼ Bio-Zitrone

3–4 Äpfel, grob gehobelt

3 EL Zimt

3 EL Zucker

Reis, Sahne, Milch, Butter und Zitronenschalenabrieb für den Milchreis in einen ungelochten Garbehälter geben und bei 100 °C 25 Minuten garen. Apfelraspel unter den Reis heben und noch weitere 10 Minuten ziehen lassen. Mit Zimt und Zucker bestreut servieren.

Crema catalana

4 Eigelb

250 ml Sahne

250 ml Milch

1 TL Vanillezucker

2 EL gehackte Mandeln

3 EL Farinzucker

Eigelbe verquirlen. Sahne und Milch bis kurz vor dem Kochen erhitzen. Topf vom Herd nehmen. Vanillezucker, Eigelbe und gehackte Mandeln unterrühren.

Die Masse in 4–6 Auflaufformen füllen, mit hitzebeständiger Folie abdecken und bei 90 °C 35 Minuten garen. Herausnehmen, abkühlen lassen und für etwa 4 Stunden in den Kühlschrank stellen. Backofen auf 200 °C Oberhitze vorheizen.

Die Crema mit Farinzucker bestreuen und so lange in den Backofen stellen, bis der Zucker goldbraun verlaufen ist – das dauert etwa 8 Minuten. Sofort servieren.

Einfach genießen: **Die süße Dampfküche**

Orientalisches Couscousdessert

250 g Couscous

400 ml warme Milch

50 g Rosinen

2 Datteln, entkernt, fein gehackt

etwas Dattel- oder Himbeersirup

200 g Himbeeren

1 Handvoll Mandeln, gehackt

etwas Mandelöl

Couscous in einen ungelochten Behälter geben. Mit warmer Milch übergießen, Rosinen und Datteln zugeben und mit Sirup süßen. Bei 80 °C 5 Minuten quellen lassen. Die Himbeeren unterheben.

Couscous vor dem Servieren mit Mandeln bestreuen und mit Mandelöl beträufeln.

Lindy's Cheesecake

Für den Boden:

125 g Kekse (Graham Crackers oder Vollkorn-Butterkekse)

80 g zerlassene Butter

50 g Zucker

Für den Belag:

4 Eier

200 g Zucker

600 g zimmerwarmer Frischkäse

170 ml Schmand oder Crème fraîche oder saure Sahne

170 ml Sahne

Saft und Schalenabrieb von 1 Bio-Zitrone

2 EL Mehl

Mark von 1 Vanilleschote

Kekse in eine Plastiktüte geben, diese gut verschließen. Kekse mit einem Nudelholz stark zerkrümeln, dann in einer Schüssel mit der zerlassenen Butter und dem Zucker vermischen. Die Mischung in eine Springform geben und mit den Fingern oder mit einem Löffelrücken gut und möglichst fest andrücken. Die Form für mindestens 20 Minuten in den Kühlschrank stellen.

Alle Zutaten für den Belag mit einem Mixer zu einer glatten Masse verrühren. Die Masse gleichmäßig auf dem gekühlten Keksboden verteilen. Mit Frischhaltefolie abdecken und bei 100 °C 50 Minuten garen.

Den Kuchen mindestens 3 Stunden (besser über Nacht) auskühlen lassen und erst dann genießen.

Einfach genießen: **Die süße Dampfküche**

A–Z

Rezept-
register

Tanja Braune, Journalistin und Autorin, begeistert sich für Ernährungsthemen aller Art. Dabei setzt sie auf eine regionale, ausgewogene und biologische Küche – am besten mit selbst angebauten Zutaten aus dem eigenen (Kräuter-)Garten. In ihren Sach- und Kochbüchern zeigt sie eine unkomplizierte, gesunde und frische Küche für den modernen Alltag. Sie veröffentlichte bereits mehr als 20 Bücher, darunter zahlreiche Bestseller.

Frauke Antholz hat sich nach ihrer Ausbildung zur Fotografin auf die Food-Fotografie spezialisiert und arbeitet seit vielen Jahren für Verlage und Redaktionen. Ihre Fotos erscheinen regelmäßig in Büchern und Magazinen rund ums Kochen und Genießen. Die geborene Lübeckerin lebt in der Nähe von Kiel auf dem Land, genießt Obst und Gemüse aus dem eigenen Garten und den freien Blick in die Natur.

LIEBE LESERIN, LIEBER LESER,

hat Ihnen dieses Buch gefallen? Dann freuen wir uns über Ihre Weiterempfehlung! Erzählen Sie in Ihrem Freundeskreis davon, in Ihrer Buchhandlung, oder bewerten Sie es online.

Wollen Sie weitere Informationen zum Thema? Möchten Sie mit der Autorin in Kontakt treten? Wir freuen uns auf Austausch und Anregung unter **leserstimme@styriabooks.at**.

Inspiration, Geschenkideen und gute Geschichten finden Sie auf **www.styriabooks.at.**

© 2021 by Kneipp Verlag
in der Verlagsgruppe Styria GmbH & Co KG
Wien – Graz

Alle Rechte vorbehalten.
ISBN 978-3-7088-0798-0

Bücher aus der Verlagsgruppe Styria gibt es in jeder Buchhandlung und im Online-Shop

www.styriabooks.at

Covergestaltung
Caroline Plank-Bachselten, Buero Blank

Layout und Satz
Caroline Plank-Bachselten, Buero Blank

Projektleitung
Jasmin Parapatits

Fotos
Frauke Antholz

Druck und Bindung
Neografia

Printed in the EU

7 6 5 4 3 2 1